조선족 재발견

조선족 재발견

1판 1쇄 인쇄 2017년 2월 5일
1판 1쇄 발행 2017년 2월 10일

지은이 한주(서상우)
펴낸이 이윤규

펴낸곳 유아이북스
출판등록 2012년 4월 2일
주소 서울시 용산구 효창원로 64길 6
전화 (02) 704-2521
팩스 (02) 715-3536
이메일 uibooks@uibooks.co.kr

ISBN 978-89-98156-67-1 03380
값 13,000원

* 이 도서의 국립중앙도서관 출판시도서목록(CIP)은 서지정보유통지원시스템 홈페이지(http://seoji.nl.go.kr)와 국가
  자료공동목록시스템(http://www.nl.go.kr/kolisnet)에서 이용하실 수 있습니다. (CIP 제어번호: CIP2017000405)

조선족 재발견

자랑스러운 또 다른 한민족의 역사

조선족의 남편이 말하는 편견에 갇힌 진실들

한주 지음

유아이북스
Ultimate Information

'조선족 재발견'을 기획하며

나는 그동안 조선족에 대한 관심이 없었다. 좋고 싫고의 문제가 아니라 관심 자체가 없었다. 한국에 그토록 많은 조선족들이 있는지도 몰랐으며, 식당에 일하는 '이모' 중 상당수가 조선족이란 사실도 몰랐다.

그런데 어쩌다 보니 조선족과 결혼했다. 조선족이라서 알고 만난 것도 아니었다. 만나 보니 조선족이었다. 조선족과 결혼을 했지만, 결혼할 때도 중국에는 가지 않았다. 한국에 처가 부모님과 친지들이 꽤 들어와 있었기에 굳이 중국까지 가서 결혼식을 해야 할 필요도, 하고 싶은 마음도 없었다. 아내와 처가 식구들은 아쉬워했지만 굳이 한국보다 세련되지도, 좋아 보이지도 않는 곳을 가고 싶지는 않았다. 중국을 갈 여유가 있다면 차라리 일본이나 다른 나라를 가길 원했다.

나에게 중국이란 나라와 조선족이란 민족은 고작 그 정도의 의미였다. 관심도 없었으며 촌스럽고 후진 곳이라는 이미지가 강했다. 아내가 조선족이라 티를 내지는 않았지만, 마음속 깊은 곳에는 우리보다 수준 떨어지는 곳이라는, 즉 가난하다는 인식이 박혀 있었던 것이다.

다행히 결혼 생활을 이어가면서 그런 생각은 많이 바뀌었다. 현명하고 지혜로운 아내 덕분에 스스로를 반성하며 인식을 바꿀 수 있었다. 그리고 없는 살림에도 교육에 있어서만큼은 돈을 아끼지 말아야 한다는 신념을 가진 장모님으로 인해 조선족에 대한 생각은 많이 달라져 갔다.

그리고 결혼한 지 5년이 되어서야 처음 연변延邊(공식 명칭은 연변의 중국어 발음인 '옌볜'이지만, 이 책에서는 연변으로 통일하였다)을 방문하게 되었다. 허나 연변을 가기로 결정한 날부터 가는 날까지 걱정이 끊이지 않았다. 가난하고 낙후한 동네에 간다는 생각에 '뭐는 있을까?', '뭐는 될까?' 하며 기대보단 걱정이 앞섰던 것 같다. 한 3일 정도만 다녀왔으면 하는 마음이었지만, 2주 정도 다녀오자는 아내의 말에 짜증이 나기도 했다. 5년 만에 처음 가는 처갓집인지라 그냥 아내의 말을 듣기로 하고는, '이왕 가는 거 기분 좋게 다녀오자'는 말로 스스로를 달랬다.

우여곡절 끝에 처음 떠난 연변 나들이는 나의 걱정을 완전히 뒤집어 놓았다. 연변은 내가 생각했던 것보다 훨씬 더 발전한 곳이었고, 오히려 한국보다 나은 것도 많았다. 또한, 발길이 닿는 데마다 역사의 흔적이 남아 있어 볼 것도, 먹을 것도, 들을 것도 너무 많았다. 2주라는 긴 시간이 지겨울 것이라 예상했던 나는 하루하루 시간 가는 것이 아까워 귀국을 앞둔 날에는 일주일만 더 있었으면 하는 바람이었다.

무엇보다 새롭게 알게 된 것들이 많았다. 단순히 중국으로 이주해 터를 잡았다고만 알고 있던 조선족의 역사를 새로 알게 되었고, 그러면서 조선족에 대한 인식 자체를 완전히 바꾸었다. 여기서 이런 질문을 던지고 싶다.

우리는 조선족에 대해 얼마나 알고 있을까?
조선족은 자신의 역사에 대해 얼마나 알고 있을까?

뉴스에서 외국인 범죄에 관한 뉴스가 나올 때면 조선족을 추방해야 한다는 댓글이 주를 이룬다. 또한, 조선족 스스로도 필요에 따라서는 중국인 혹은 한국인이라며 자신이 조선족임을 숨긴다.

이해한다. 나 역시 모를 때는 함께 욕하기도 했으며, 아내가 가끔 조선족의 정체성에 대해 고민한 적이 있기 때문이다. 그러나 역사를 알고 나니 이는 분명 잘못된 길임을 알게 되었다. 무지가 불러온 부정과 비판에 대해 반성하게 된 것이다.

우리는 너무나 모르고 있다. 우리는 크나큰 오해를 하고 있다. 우리는 조선족에 대해 너무 모르고 있으며 모르기 때문에 오해하고 있다.

부디 이 책을 통해 조선족에 대한 인식과 생각을 달리 할 수 있기를 바란다. 그들이 왜 한국인이 아닌 중국의 소수민족이 되었는지, 왜 그들이 중국 땅에서 중국 국적을 가지고도 한국의 문화나 언어를 지켜 나가고 있는지를 말이다.

하나의 뿌리에서도 각기 다른 가지가 뻗고, 각기 다른 열매가 맺듯, 그들도 다른 가지에서 다른 열매를 맺었을 뿐이다. 하나의 나무에서 맺은 열매도 모두 그 맛이 다르다. 그렇다고 그 열매가 다른 나무에서 자란 것은 아니다. 그 뿌리가 결코 다르지 않다는 의미다.

우리와 조선족 사이에는 뿌리라는 공통점이 있다. 함께 싸우고 함께 만들어 온 역사라는 뿌리가. 그리고 이제 그 뿌리에 대해서 제대로 알고 바로 보아야 한다. 또한 마주해야 한다. 그럼으로써 그동안 잊고 있었던 '우리'라는 시간을 되찾아야 한다.

차 례

3장 그들이 있었다

4장 연변의 3대 자랑

5장 연변의 지도

1장

조선의
가지

잊어버린 우리의 가지

중국 연변에는 우리말을 쓰고, 우리 문화를 이어가는 소수민족
이 있다. 우리가 흔히 말하는 '조선족'이 바로 그들이다. 그들을 조
선족이라 부르는 이유는 우리와 같은 말을 쓰고, 우리와 같은 문화
를 가진 말 그대로 조선의 뿌리를 가진 민족이기 때문이다. 조선족
에 대해 누군가는 우리와 같은 한민족이라 말하고, 누군가는 중국
인이라 말한다. 물론 그들은 중국 국적을 가지고 있기 때문에 법적
으로 중국인이긴 하다. 그런데 그들은 중국어가 아닌 한국말을 하
고, 중국 문화보다 한국 문화가 더 익숙하다.

중국 땅에서 한국의 정체성을 가지고 살아가는 민족, 조선족을
알아보기 전에 먼저 살펴야 할 것이 있다. 바로 그들은 왜 한국이
아닌 중국 땅에서 살게 되었는가이다.

조선족의 유래로는 세 가지가 전해진다.

첫 번째는 토착민족설이다. 조선인이 중국 땅으로 이주한 것이 아니라, 고조선, 고구려, 발해를 거쳐 오랜 세월 동안 이미 이 땅에서 생활해 왔다는 주장이다. 이 설에 따르면, 중국이 요, 금, 원, 명, 청나라를 거쳐 오는 동안 조선인이 요동과 요남 지역에서 다른 민족과 함께 생활해 왔다고 한다.

그러나 이 설은 설득력이 부족하다. 그도 그럴 것이 토착민족설에 따르면 조선족은 오랜 시간 중국에 살아오면서 중국 문화에 동화되었다고 보기 때문이다. 물론 이러한 조선족도 있겠지만, 우리가 다루고자 하는 조선족은 한국의 정체성을 지켜 나가는 민족으로, 토착민족설에서 말하는 조선족과는 거리가 멀다.

두 번째는 명말청초明末淸初설이다. 명나라 말기와 청나라 초기에 조선에서 사람들이 중국에 이주하여 터를 잡았다는 설이다. 하지만 이 설 역시 이 시기에 조선인이 만주까지 어떤 경로를 통해 이주해 왔는지에 대한 정확한 자료가 없어 신빙성이 떨어진다. 다만 랴오닝성 박가촌과 허베이성 박장자의 조선족들을 그 근거로 제시하고 있을 뿐이다.

1619년, 명청 전쟁 때 명나라를 지원하기 위해 조선에서 강홍립이 1만3000명의 군사를 이끌고 출병했었다. 이때 중국에 잔류한 조선인들이 있었고, 또 1627년 정묘호란과 1636년 병자호란 때 끌려간 조선인의 수가 상당했기 때문에 많은 사람들이 이를 근거로 이 설을 주장하고 있다. 이와 관련해 재미있는 근거 하나는 랴오닝 성 박가촌에는 그들이 선조라고 믿는 상징적 인물의 대형 초상화가 있는데, 이 초상화에 그려진 인물 모습이 큰 갓을 쓰고 도포를 입고 있어 조선 중기의 양반과 굉장히 흡사하다는 것이다.

그 마을 사람들은 이미 오랜 시간 중국에서 살아오면서 중국 문화에 동화되어 지금은 한국말을 할 줄 모르고, 한국 풍습도 모두 잊고 지내고 있다. 그럼에도 그들은 자신들이 조선족이라 주장하며, 1982년 호구조사를 실시할 때도 자신들을 조선족으로 족적을 바꿔 줄 것을 신청하기도 했다. 그 증거로 대대로 갖고 있던 족보와 화로, 그리고 의복 등을 제시하였고, 중국 정부는 그 신청을 받아들였다.

하지만 중국 내의 조선족을 논함에 있어서 단순히 이주 사실만을 가지고 설명하기는 어렵다. 따라서 청초에 이주한 조선인들을 지금의 조선족으로 말하기에는 이 설 역시 무리가 있어 보인다.

마지막 세 번째 설은 19세기 중반 설이다. 1850년대를 전후로 하여 조선인의 산발적이고 지속적인 만주 이주가 진행되었고, 그 수가 점차 증가하여 작은 마을을 형성하게 되었다는 것이다. 그렇게 점차 마을을 이뤄 가면서 근대적 민족의식이 싹튼 것이라 보는 설이다.

1616년, 만주에 청나라가 건국되고 한족이 만주로 유입되기 시작했는데, 이 무렵 조선에서도 압록강과 두만강을 건너가 만주 땅을 개간하며 농사를 짓기 시작했다. 이에 불안을 느낀 청나라는 1677년부터 압록강과 두만강의 북안 일대와 간도 지역에 봉금령을 선포하며 조선인의 유입을 철저히 금지했다. 당시 조선에서도 이 지역을 넘어가거나 강을 건너는 자를 엄벌에 처했는데, 그럼에도 기아로 허덕이던 조선 북부 지역의 조선인 상당수가 월강을 시도했다.

당시에는 연변을 '간도間島'라 불렀는데 이 간도라는 지명에는

┃ 중국 지린성에 위치한 연변조선족자치주

기구한 역사가 담겨 있다.

강을 건너다가 잡히면 당시 월강죄로 사형에 처해질 수도 있던 때라 사람들은 두만강 가운데에 있는 작은 땅인 '사잇섬'에 간다는 핑계를 대며 몰래 강을 건너가 농사를 짓곤 했다. 좁고 척박한 땅이 아닌, 강만 건너가면 비옥한 땅에서 농사를 잘 지을 수 있었기 때문에 아침에 건너가 하루 종일 농사를 짓고는 밤에는 돌아오기를 반복했다. 하루하루 그런 식으로 농사를 지어 가을이 되면 추수를 했다.

이들에게 있어 사잇섬, 즉 간도는 두만강을 건넌다는 뜻이다. 처음에는 두만강 이북 땅을 '간도'라고 했다가, 압록강 이북을 '서간도西間島', 두만강 이북을 '북간도北間島'로 구분하여 부르기 시작했다. 일부 역사학자들은 개간한다는 뜻의 간墾 자를 써서 간도를 '간도墾島'로 부르기도 했다.

시간이 흘러 1907년, 어느새 연길延吉·옌지 안에서 사는 조선인이 5만여 명이나 되었고, 1916년에는 20만여 명을 훌쩍 넘어섰다. 긴 시간 동안 조선인들은 강을 건너가 간도의 황무지를 개간하였고, 그 덕에 황무지였던 간도 땅은 옥토로 변해 농작물 수확량도 급격하게 늘었다. 점차 수많은 곳에 도로와 역, 시가지와 마을이 건설되며 지금의 연변이 구축되었다.

허나 연변을 개척하는 것도 순조롭지는 않았다. 조선에서 넘어온 많은 조선인들은 청나라의 탄압에 머리를 깎고 조선 옷을 버리는 등 비참한 일들을 겪어야 했다. 청나라 말기와 중국 정부 초기에는 관료들의 억압과 약탈에 맞서 많은 투쟁을 벌이기도 했다.

사실 간도는 청나라와 대한제국 사이에서 경계가 애매한 땅이었는데, 1905년 을사늑약으로 외교권을 일본에게 빼앗겨 버린 대한제국은 자신의 의지와는 상관없이 간도 땅을 청나라에 완전히 넘겨주고 말았다. 이는 만주 진출을 노린 일본이 남만주 철도 부설권과 탄광 채굴권을 얻기 위해 강제로 대한제국의 주권을 빼앗어 청나라와 간도협약을 맺었기 때문이었다. 광복 후, 한국에서는 대한제국과 청의 국경을 당사국인 대한제국의 의사와 무관하게 두만강과 압록강으로 확정한 것을 잊지 않기 위해 매년 9월 4일을 '간도의 날'로 지정했다.

러일 전쟁이 끝나가던 1905년, 일제는 본격적으로 연변을 침략하면서 온갖 악행을 저질렀다. 하지만 조선 땅에서와 마찬가지로 연변에 터를 잡은 조선인들도 굴복하지 않고 맞서 싸웠다. 민족주의의 학교를 세우고, 반일단체를 조직하였으며 반일시위운동을 벌였다. 그 과정에서 연변 땅에서 헤아릴 수 없을 만큼 많은 조선인이 목숨을 잃었다.

우리가 잘 아는 봉오동, 청산리 전투와 같이 한반도만큼이나 연변 땅에서도 많은 조선인들이 함께 피를 흘리며 싸웠다. 그들의 활약은 대서특필되어 중국뿐만 아니라 전 세계에 전해졌다.

이러한 과정에서 1928년 2월, 연변에는 첫 중국공산당 조직인

중공용정촌지부가 세워졌다. 그리고 1931년 만주 사변 당시, 만주를 강점한 일제에 맞서 연변의 조선인들은 한마음으로 추수, 춘황 투쟁 등 다양한 형식의 반일 투쟁을 벌였다.

1937년, 중국 베이징의 루거우차오 다리에서 발생한 '7·7 사변', 즉 훗날 중일 전쟁의 발화선이 되는 이 사건은 중국의 항일 투쟁의 시작을 알렸는데, 당시 연변의 항일 부대는 도처에서 일제와 무장투쟁을 벌였다. 이 투쟁은 1945년, 대한민국의 광복이 올 때까지 계속되었다.

살기 위해 간도 땅으로 이주한 조선인들은 일본으로 말미암아 강제로 다른 나라에 사는 사람이 되어 버렸고, 그때부터 온갖 우여곡절을 겪으며 자신들의 터전을 스스로 일궈 냈다. 중국 정부는 이를 인정하여 간도 땅을 연변조선족자치주로 인정해 주었다. 현재 연변조선족자치주는 여섯 개의 시, 연길, 도문圖們·투먼, 돈화敦化·둔화, 용정龍井·룽징, 혼춘琿春·훈춘, 화룡和龍·허룽과 두 개의 현, 안도安圖·안투, 왕청汪淸·왕칭으로 이루어져 있다.

연변은 중국에서 소수민족을 위해 배려해 준 땅이 아니다. 조선인들이 스스로 일궈 내고 구축한 자랑스러운 터전이다. 오랜 시간 우리의 조상들이 그곳에 머물렀고, 개간했으며, 피를 흘려 지켜 낸 땅인 것이다.

일본에게 잘려 버린 연변이란 가지를 지금의 우리는 조선의 가지가 아니라고 말한다. 다른 나무의 가지라 말한다. 같은 뿌리에서 자란 가지임에도 불구하고 부러진 가지이기에 이제 같은 나무가 아니었다 말하고 있다. 함께 싸우고, 함께 피를 흘리고, 함께 울었던 시간들을 이제는 없었던 일이라 여기고, 모르니 아니라 말하고 있는 것이다.

지난 2012년, 연변에는 기존 박물관의 여러 민속 관련 관을 통합하여 '연변조선족자치주박물관'이 개관되었다. 이곳에는 연변의

┃ 연변조선족자치주박물관 로비

오랜 역사와 그 흔적이 잘 담겨 있다. 연변에 방문했을 때 이곳에 들려 박물관을 찬찬히 둘러보았는데, 마지막을 보고 나오려는 찰나 맺음말에 적혀 있는 문구를 읽게 되었다. 문구 마지막 문단의 한 문장이 내 마음을 울렸는데, 맺음말에는 이런 문장이 적혀 있었다.

'우리는 역사적 책임을 외면할 수 없다.'

간도가 조선족자치구가 되기까지

작년 중국은 인민 항일 투쟁 70주기를 맞이했다. 인민 항일 투쟁은 중국이 일제에 맞서 싸운 투쟁을 말한다. 일본은 중국을 침략하여 수백만 명의 중국인을 살해했는데, 난징 한곳에서만 30만여 명에 달하는 무고한 사람을 죽였다. 지금까지도 중국 사람들은 '난징대학살'에 관한 이야기를 들으면 뜨거운 분노와 함께 강한 반일 감정을 드러낸다.

정확한 숫자는 없다. 단지 연변조선족자치주 각 시와 현의 민정국에는 항일 투쟁 시기에 희생된 3100여 명의 열사가 등록되어 있을 뿐이다. 그러나 아직 등록되지 않은 열사만 6000여 명이나 더 있다고 한다. 여기에 무고하게 죽은 민간인의 숫자는 포함되어 있지 않다. 일본군은 1932년과 1933년, 2년 사이에 해란구를 포함하여 연길현에서만 1700여 명의 백성과 유격대를 살해했다.

중국의 본격적인 항일 투쟁은 일제가 1937년 7월 7일, 베이징 루거우차오 일대에 주둔한 중국군 병영을 공격한 것을 기점으로 알려져 있지만, 중국 동북 지역의 항일 투쟁은 1931년 9월 18일, 일제가 펑톈奉天[선양(瀋陽)의 전 이름]의 북대영을 공격한 사건을 기점으로 일어났다.

연변의 항일 투쟁은 그보다 앞서 일제가 연변에 간도일본총영사관을 세운 1909년부터 시작되었다. 그러니 항일 투쟁 역사가 길었던 연변에서는 얼마나 많은 사람들이 일제의 손에 죽어 나갔는지 짐작하기 어렵다. 민정국에 등록된 3100여 명의 열사는 1930년부터 희생된 열사의 수일 뿐이다.

1930년 10월, 연변에는 동만특위東滿特委가 들어선다. 당시 중국 동북 지역을 지리적으로 북만주北滿洲, 남만주南滿洲, 동만주東滿洲로 나눴는데, 연변은 동만주에 속했다. 동만특위는 중국공산당이 동만주, 즉 연변에다 세운 당 조직이었다.

1931년부터 연변의 화룡, 연길, 왕청, 혼춘, 안도에는 각각 동만특위의 지휘를 받는 유격대가 세워졌다. 다섯 개 현의 유격대에 속한 사람 수는 약 400여 명이었는데, 처음에는 무기가 없어 일본군과 반동군벌, 일제의 앞잡이와 지주들의 무기를 빼앗아 무장을 해야 했다.

연변의 항일유격대는 연변 일대에서 일본군과 반동군벌을 상대로 열렬히 싸웠다. 그러다가 1934년 3월, 동북인민혁명군 제2군 독립사로 편성되었고, 인원은 1200여 명으로 늘어났다. 이후 1936년 3월, 동북인민혁명군이 동북항일연군 제2군으로 재편성되면서 인원이 2000여 명으로 늘어났고, 군 아래에 세 개의 사를 두었다.

당시 동북항일연군에는 열한 개의 군이 있었는데, 대부분 조선족으로 조직되어 있었다. 항일연군은 중국공산당의 지휘 아래 제1군과 합병하여 제1로군을 구성했다. 제1로군은 산하에 세 개의 방면군을 두었는데, 그중 제3방면군의 사령관이 우리가 잘 아는 김일성이다.

1931년부터 1937년까지 동북항일연군은 10만여 명의 일본군과 위만군을 섬멸하고, 1938년부터 1945년 동안에는 8만여 명의 일만군을 무찔렀다. 동북항일연군이 1935년부터 5년간 일만군과 벌인 전투는 9만여 차례에 이른다. 1935년 한 해에만 3만여 차의 전투를 벌이기도 했다. 동북항일연군은 수적으로도, 무기 수준으로도 일본군에 열세를 보였지만, 유인전, 매복전, 습격전 등으로 일본군에 맞서 싸웠다. 특히 동만주의 항일연군 제2군의 전적은 아주 컸다.

이후 1939년, 일본군은 열한 개의 사단 병력을 동원하여 동북항일연군 제1로군(1군과 2군)을 토벌했다. 일본군은 산을 포위하고 길을 봉쇄하였으며, 마을마다 보루를 세웠다. 누구라도 항일연군에 도움을 주는 즉시 그 사람의 가족뿐 아니라, 이웃까지도 무참히 죽였다.

정치적, 심리적으로 갖은 수단을 써가며 항일연군을 견제한 결과, 1939년부터 항일연군에서 전투로 죽은 사람보다 굶어 죽거나 병들어 죽은 사람 수가 더 많았다. 또한, 부대를 이탈하는 자가 속출하였고, 변심하는 이도 생겨났다. 결국 3만여 명에 달하던 동북항일연군은 몇천여 명으로 그 수가 줄어들다가 1940년에 이르러서는 400여 명밖에 남지 않았다.

이후 동북항일연군은 소련으로 들어가 무기를 보충받고 군사 훈련을 받은 다음, 소부대로서 동북 지역 각지에서 활약했다. 일본군의 거점과 군사 시설을 습격하였으며, 일본군을 정찰하여 그 정보를 소련에 제공하기도 하였다. 덕분에 소련군은 동북으로 수월하게 진군할 수 있었다.

결국 동북의 항일연군은 조선족의 항일유격대로부터 발전했다고 할 수 있다. 또한, 초기 항일유격대와 동북인민혁명군 시절 중국공산당원의 대다수가 조선족이었다. 이러한 조선족의 희생 위로 1949년 10월 1일, 중화인민공화국이 세워졌다. 이 과정에서 조선족들은 농업, 공업, 상업, 교육, 문화 등 여러 분야에서 중국에 힘을 보탰다. 이러한 희생과 노력을 인정받아 1952년 9월 3일, 드디어 연변조선민족자치구가 정식으로 설립되었다.(이후 1955년 12월, '연변조선족자치주'로 변경되었다.) 100여 년 동안 탄압에 시달리던 조선족들은 끝내 중국의 소수민족으로 인정받고, 자치 지방의 주체 민족이 된 것이다. 당당히 중국이란 나라 안에서 스스로 땅을 얻어 내고 권리를 갖게 된 것이다.

타국에서 스스로의 힘으로 소수민족으로서 권리를 갖는다는 건 기적 같은 일이 아닐 수 없다. 진실로 우리 민족의 우수성을 보여 주는 동시에, 연변이란 땅을 얼마나 큰 희생을 얻어 가지게 되었는지를 새롭게 생각해 봐야 한다.

물론 희생도 없지 않았다. 많은 이들이 타국에서의 핍박과 탄압을 이겨 내기 위해 피와 땀을 흘렸고, 그 덕에 오늘날의 연변과 조선족이 있는 것이다. 때문에 우리는 그 땅과 조선족을 달리 보아야 하며, 연변 땅에서 태어나고 자란 조선족 역시 자신의 정체성과 역사를 달리 바라보아야 한다.

현재 연변에는 마을마다 열사비가 세워져 있다. 이는 항일 투쟁에서 희생된 열사들을 잊지 않겠다는 조선족의 작은 마음이다. 하지만 요즘의 조선족 젊은이들은 그 의미를 잘 모른다. 그러면서 자신이 조선족임을 부끄러워하며 한족이라 말하는 이도 있다. 옛날 조선족이 어떤 마음으로 선뜻 자신의 목숨을 걸었는지, 연변이란 땅에서 싸워 나갔는지를 생각해 본다면 자신들이 조선족임을 부끄러워하진 않을 것이다.

조선족뿐만 아니라, 우리 모두에게는 그들이 만든 역사를 이어

가야 할 책임이 있다. 피지배국에서 자유로운 나라의 주인으로서
당당하게 살아갈 수 있게 해준 역사에 대해 책임이 있는 것이다.
우리는 결코 그것을 잊지 말아야 한다. 역사를 아는 자는 결코 자
신을 부끄러워하지 않으며, 역사를 아는 자는 그 역사를 가진 민족
을 결코 낮춰 보지 않는다.

사라지는 조선족

　현재 국내에 체류하고 있는 조선족은 약 30만 명 정도로 추산된다. 이 수는 더 늘어나고 있는 추세다. 조선족 전체 인구가 대략 200만 명 정도인데, 이 중 30만 명이 국내에 체류한다는 것은 생각보다 많은 수가 국내에 들어왔다는 것을 의미한다. 한 가구를 네 명으로 잡아 추산해 봤을 때, 한 집 건너 한 집 이상의 가족 중 한 명이 한국에 머물고 있다는 말이다.

　조선족이 연변을 벗어나 살고 있는 곳은 한국뿐만이 아니다. 중국의 중심지인 상하이나 베이징뿐만 아니라, 일본과 미국으로도 나가고 있다. 이렇다 보니 실제로 연변에서 살고 있는 조선족 인구는 150만 명도 채 되지 않는 실정이다. 부모가 돈을 벌기 위해 외국으로 나가거나 타 지역으로 떠나 조부모 손에서 자라는 아이들을 흔히 볼 수 있을 정도다.

상황이 이렇다 보니 연변 사회가 제대로 돌아갈 리 만무하다. 주 노동 계층인 청년·장년층이 다 빠져나가 버린 탓에 물가는 오르고 인건비는 저렴해지는 악순환이 반복되고 있다. 이 악순환은 점차 후유증을 낳기 시작했다. 어느 그룹이든 수가 많을수록 소리가 높아지고 힘을 가지는 법인데, 연변에서 조선족 인구수가 많이 줄어든 탓에 중국 정부에서 압박이 들어오기 시작한 것이다.

중국 정부는 연변조선족자치주를 축소하고, 조선족의 역사를 없애기 시작했다. 조선족이 한족 학교에 들어가는 건 어렵지만, 조선족 학교에 한족은 쉽게 입학할 수 있다. 즉, 한족의 사회 진출은 쉬운 반면, 조선족의 중국 내 사회 진출에는 보이지 않는 많은 벽이 존재하는 것이다.

열심히 학문을 쌓아 중국의 좋은 직장에 취업해도 소수민족이란 이유만으로 눈에 보이지 않는 벽에 막혀 어느 이상 진급이 어려운 것이 사실이다. 아예 소수민족이라는 이유로 진입을 금지하는 곳도 있다. 그나마 조선족은 소수민족 중에서도 중립적이고 배타적이지 않기에 중국 사회에서 배제되는 일은 적은 편이지만, 이도 조선족의 수가 줄어들수록 심해질 것으로 예상된다.

중국은 점차 연변조선족자치주를 조선족이라는 소수민족의 자치주가 아닌, 중국 땅으로 회수하려 하고 있다. 실제로 연변에 머물 당시, 눈으로 직접 목격한 것이 있었다. 8월에 연변을 방문했기에 학교는 대부분 방학 기간이었다. 처가댁 바로 앞에는 아내가 다녔던 소학교가 있었는데, 소학교 정문 쪽 벽에는 한국어로 '애국', '우애', '효도' 등이 쓰인 큰 포스터가 걸려 있었다. 연변 어디나 그렇듯 한국어 밑에는 중국어도 함께 표기되어 있었다. 타국에서 우리의 언어를 지켜 가는 조선족을 보며, 뿌듯한 마음이 들었다.

그런데 귀국하기 이틀 전, 새 학기를 맞아 학교가 새 단장을 하면서 소학교 정문 벽에 붙어 있던 포스터가 새것으로 바뀌었다. 새로 바뀐 포스터를 보고 깜짝 놀라고 말았는데, 바뀐 포스터에는 모두 중국어만 적혀 있었기 때문이다. 한국어는 단 한 글자도 찾아볼 수 없었다. 그보다 더 놀라운 건 현지의 조선족들은 그것을 알아채지 못했다는 것이다. 내가 포스터를 보고 이야기를 꺼내자, 그제야 포스터를 확인하고는 모두 놀랐다. 포스터를 직접 보지 못한 조선족들은 내 얘기를 쉬이 믿지 못하기도 했다.

중국 정부는 조선족이 눈치채지 못하는 작은 것에서부터, 아이들의 사상을 바꾸기 위해 조선족의 흔적을 조금씩 지워 가고 있다. 땅을 회수하고, 역사를 잊게 만들고, 사상을 바꾸고 있는 것이다.

중국 정부는 조선족 지도층을 상대로 삼관교육三觀教育을 실시하기도 했는데, 삼관교육이란 민족관, 조국관, 국가관, 즉 삼관을 가르치는 교육으로서 조선족에게만 실시된 특수교육이었다. 중국은 왜 조선족에게만 이 같은 교육을 해왔을까?

중국은 조선족의 민족성을 존중하고 인정한다. 그들을 배척하면서도 그 민족성만은 인정하는 것이다. 일제 강점기 시대의 활약과 연변축구팀의 정신 등 열악한 환경 속에서 이뤄 낸 성과로 인해 그 우수한 민족성은 싫어도 인정할 수밖에 없는 것이다. 그래서 중국은 조선족 자체를 중국의 소수민족으로 온전히 포함시키려 하고 있다. 그 역사 자체도 말이다.

어차피 조선족은 한국에서 인정받지 못하는 상황이고, 요즘 젊은 조선족들은 자신이 조선족임을 부끄러워하는 실정이니 서서히 조선족 자체를, 나아가 연변조선족자치주 자체를 중국으로 회수하려 하는 것이다.

문제는 중국 학교에서 소수민족의 역사를 가르치지 않는데, 이는 조선족 학교에서도 마찬가지라는 것이다. 즉, 아이들이 중국의 역사만 배우는 것이다. 그러나 학교에서 가르쳐 주지 않는다 하더라도 소수민족은 자신들의 역사를 반드시 알아야 한다. 얼마나 많은 선조의 피와 땀으로 이 땅에서 살아가고 있는지를 알고, 그들이 지키려고 했던 정신과 의지를 이어야 한다. 또한, 무엇이 우리의 피를 흘리게 했는지, 무엇 때문에 그 길을 걸어가야만 했는지를 알아야만 한다. 그래야만 가슴 아픈 역사를 반복하지 않고, 그 피와 땀 위에 새로운 반석을 세울 수 있다. 그리고 우리가 받은 것들을 고스란히 후손에게 남길 수 있다.

역사는 이미 지나간, 이제는 과거일 뿐인 시간이 아니다. 지금의 우리가 올라선 높이의 계단이며, 얼마나 더 올라갈 수 있는지를 예상할 수 있게 해주는 척도이다. 모든 탑의 높이는 1층의 반석에 서부터 결정된다. 얼마나 넓고 단단한 반석인지를 알아야 그 위를 세워 나갈 수 있는 법이다. 반석을 보지 않고 위만 바라보고 돌을 쌓는다면 분명 무너지는 때가 오고 만다.

우리는 우리의 역사를 직시해야 한다. 조선족도 마찬가지다. 어떻게 해서 지금의 조선족이 존재하게 되었는지, 어째서 한민족이었던 그들이 연변이라는 땅에서 중국 국적을 갖고 살아가게 됐는지 알아야 한다. 역사를 모르기 때문에 자신을 부끄러워하며 숨기는 것이다. 역사를 모르기 때문에 무시받고 배제되는 것이다. 역사를 아는 이들은 애국심을 가지며 민족의 자부심을 느낀다. 역사를 아는 사람들은 이를 지키고 이어 나가려 한다.

한국인이 아무것도 없이 미국이나 유럽에 나가 그곳에서 힘겹게 무언가를 이루고 인정받았다는 소식을 뉴스나 기사를 통해 접할 때면, 우리는 역시 한국인이라며 굉장히 자랑스러워하고 뿌듯해한다. 연변도 마찬가지다. 우리의 민족이 낯선 간도 땅으로 건너가 피땀 흘려 인정받았고 연변이란 땅을 일궈 낸 것이다. 자랑스러워해야 할 일임에도 그것을 알지 못하고, 또 알려 하지 않는 것이다.

몇 년 전, 한 방송사의 오디션 프로그램에서 연변 출신의 조선족 백청강이 우승하는 것을 보며 기대한 부분이 있었다. 이것으로 국내의 조선족 이미지가 좋아지고, 조선족의 사회 진출이 더 용이 해지면 좋겠다는 것이었다. 그리하여 국내에서 조선족의 활동 영역이 더 넓어지고, 조선족의 도움으로 한국인도 중국에서의 활동 영역이 더 넓어지기를 바란 것이다.

하지만 기대와는 달랐다. 달라지거나 변하는 것은 없었다. 아내의 친한 친구도 한국에서 가수 활동을 하고 있지만, 여전히 '다르다'고 말하며 '틀리다'라고 대하는 경우가 많았다. 갈 길은 아직도 멀기만 했다.

앞으로 국제사회에서 중국의 힘은 더욱 커질 것이다. 이러한 상황에서 중국에 터를 잡고 사는 조선족이 중국 내에서 더 큰 목소리를 내고, 우리와 조선족 간의 협업관계가 더 원활히 이루어질 수 있다면, 중국과의 관계에서 유리하게 작용할 점은 한두 가지가 아닐 것이다. 우리는 어쩌면 참 쉬운 길을 두고 서로를 보지 않은 채돌아가고 있는 것은 아닐까? 형제임이 분명한 조선족도 이리 배제하면서 북한과의 통일을 바라는 건 어불성설일지도 모르겠다.

조선족이 사라지는 건 단순히 중국이란 나라의 소수민족이 사라지는 것이 아니다. 우리 민족이 살아가고 있는 하나의 터전이 사라지는 것이며, 우리 민족의 일부가 사라지는 것이자 우리의 역사가 잊히는 것이다. 중국에 살고 있다 해서 그들과 함께해 온 우리 역사가 사라지는 것이 아니며, 중국 국적을 갖고 있다 해서 한민족의 피가 흐르지 않는 것은 아니다. 부정하려 해도 이것이 진실이다. 사라지고 있는 건 조선족이 아니다. 사라지고 있는 건 우리의 역사다.

단일민족의 이중 잣대

2007년 8월 17일, 유엔 인종차별철폐위원회CERD는 한국 정부가 제출한 제13차, 제14차 이행보고서에 대한 검토 및 심의 결과를 담은 최종 견해를 발표했다. 보고서에 따르면, 위원회는 한국 정부에 단일민족 국가 이미지를 극복하라고 권고했다. 즉, 외국인과 혼혈인을 차별하는 의식의 뿌리가 단일민족에 집착하고 그것을 강조하는 한국 정부의 태도에 있다는 것이다. 한국 사회가 다인종, 다문화 사회로 빠르게 전환되고 있음에도 국민의식과 사회제도는 순수혈통주의라는 울타리에서 벗어나지 못하고 있다고도 덧붙였다. 또한, 비시민권자에게 차별적인 권리 보장, 소수의 난민지위 인정, 여성 노동자의 성매매, 외국인 여성 배우자에 대한 충분하지 못한 권리 보장, 이주노동자의 고용허가제에 따른 심각한 권리 제한 등에 대한 우려를 표하였다.

이러한 위원회의 권고 사항은 지난 제11차, 12차 이행보고서에서 이미 지적한 것이지만, 개선되지 않았다. 때문에 유감스러운 결과가 아닐 수 없다. 무엇보다 유엔의 거듭된 권고에도 불구하고, 이를 크게 문제 삼거나 관심을 두는 사람이 없다는 것이 더욱 큰 문제점이라 할 수 있다. 오랫동안 뿌리 내린 단일민족에 대한 자부심과 고집이 무의식적으로 인종차별을 행하고 있다는 점을 깨달아야 할 때다.

지금 우리는 외국과의 협업과 소통이 원활할수록 부강해지는 사회에서 살고 있다. 실제로 미국이나 중국, 유럽 쪽의 정세에 따라 국내 증시와 정세도 급변하는 것을 쉽게 볼 수 있다. 국내 외국인 관광객도 확연히 늘어 이미 1000만 명을 돌파했다. 이제 더는 외국인을 보는 것이 신기한 세상이 아니다. 이뿐만이 아니다. 다문화가정도 늘었으며, 그에 따른 혼혈 2세의 수도 급격히 증가했다. 또한, 타민족이 우리나라 국적을 취득한 수도 많이 늘어 전체 인구 중 2퍼센트에 육박하고 있다.

하지만 우리의 인식은 어떠한가? 국내에서 거주하는 타민족을 받아들이지 않고, 한국에서 태어나 한국 국적을 갖고 있더라도 그들을 흑인, 백인으로 나누며 차별하고 있지는 않은가? 오랜 시간 유교 사상의 영향을 받았기 때문인지, '한민족이 아니면 타민족'이라는 이분법적 사고가 깊이 뿌리 내려 우리 사회에는 아직도 시대착오적인 행동이 만연하다. 국제사회를 살아가는 지금, 이러한 사상과 행동에 유엔이 나서 권고까지 하게 된 것이라 여겨진다.

이는 우리 모두가 인정하고 있는 사실이다. 지금도 뉴스에서 외국인에 관한 뉴스가 나오기라도 하면 외국인이라는 이유로 욕을 하는 댓글이 무수히 달린다. 그러나 어느 나라든 법과 도덕을 지키지 않는 사람들이 있다. 단지 그들이 외국인이라서 그런 게 아니라는 뜻이다. 그런데도 이를 가지고 타민족을 싸잡아 배척하자는 발상은 아집이자 편견이 아니고 무엇이겠는가?

그렇다면 우리가 지금 국내에서 살고 있는 조선족을 바라보는 시선은 어떠한가? 우리는 단일민족이라 외치면서 외국에 살고 있는 우리 민족을 배척하고 회피하고 있다. 조선족이 얽힌 사건이라도 일어날 때면 기다렸다는 듯이 '짱깨'라 비하하며 그들을 추방하라는 댓글이 달린다.

맞다. 범죄를 일으킨 사람은 나쁘다. 허나 그것이 조선족이라서 나쁜 것은 아니다. 조선족이라서 추방해야 하고 나쁘다고 말하는 사람들에게 도리어 조선족이라는 이유로 국내에서 얼마나 많은 차별을 당하는지 알고 있느냐고 묻고 싶다. 조선족이란 이유만으로 똑같은 일을 해도 급여를 적게 받고, 그것도 심할 때는 받지 못하고 얻어맞기 일쑤다. 이런 일들에 대해서는 아무런 언급도 하지 않으면서 조선족 사건만 일어나면 왜 추방을 해야 된다며 들고 일어나는가?

국내 기업 중에는 처음 중국 시장에 진출할 때 조선족의 도움을 받은 곳도 많았다. 조선족의 도움으로 통역과 꽌시(중국 특유의 인맥을 중시하는 문화)를 해결했다. 그때는 우리 동포, 한민족이라 말하더니, 사건만 일어나면 그들을 중국인으로 돌리며 외면하는 것이 지금 우리의 이중 잣대이다.

나는 조선족과 결혼하여 가정을 꾸렸지만, 다문화가정으로 인정받지는 못했다. 아내가 국적으로는 중국인이지만, 조선족이기에 그렇다. 이렇듯 조선족은 자국민으로서도 외국인으로서도 어떠한 혜택이나 편의를 보장받지 못한다.

우리는 이미 쇄국정책이 얼마나 손해인지를 잘 알고 있다. 귀를 닫고 눈을 감고 입을 다문 사람들과의 소통이 얼마나 답답한지도 잘 알고 있다. 그럼에도 우리는 왜 그들과 같은 길을 가려 하는지 이제 냉정히 돌아볼 시간이다.

단일민족이란 이름은 우리의 자랑스러운 명찰 중 하나임은 분명하다. 허나 그 명찰을 자랑스럽게 여기려면 우리의 역사부터 제대로 알고 말해야 한다. 그리고 우리가 아닌 타민족에 대해 말을 하고 싶다면 그들의 역사 또한 제대로 알고 말해야 한다. 우리의 것을 없애는 것이 아닌, 우리의 것을 지키고 자랑스럽게 여기며 타민족의 그것 또한 인정하고 존중해야 한다는 것이다.

선진국이란 이름은 혼자서 부여할 수 있는 것이 아니다. 타국이 있고 타민족이 있기에 선진국이란 이름 또한 있는 것이다. 우리가 진정한 의미에서 선진국이란 대열에 올라서려 한다면 지금 국내에 있는 타민족을 이해하고 존중하는 것부터 시작해야 한다. 항아리의 깨진 부분을 수리하지 않은 채 물만 계속 붓는다 해서 항아리에 물이 채워지지 않듯 말이다.

역사를 지키는 것은 중요하다. 하지만 시대착오적인 생각은 금물이다. 지배국이 아직도 피지배국을 내려다보는 것이나, 지배국의 국민이 피지배국의 국민을 낮춰 보는 것처럼 아직도 단일민족이라는 생각으로 살아가는 것은 시대착오적이다. 이를 바꾸지 못한다면 우리는 계속해서 우물 안 개구리로 살아갈 뿐이다.

당신은 우물 속 개구리로 살 것인가? 아니면 우물 밖으로 나와 다른 동물들과 더불어 살 것인가? 선택은 오롯이 당신의 몫이다.

우리의 역사

중국은 2001년 6월, 동북공정에 대한 연구를 추진한다고 발표했다. 그리고 8개월의 준비 기간을 거쳐 이듬해 2월 18일, 정부의 승인을 받아 공식적으로 동북공정을 추진하였다.

동북공정이란, '동북변강역사여현상계열연구공정東北邊疆歷史與現狀系列研究工程'의 줄임말로, 우리말로는 '동북 변경 지역의 역사와 현상에 관한 체계적인 연구 과제(공정)'를 뜻한다. 간단히 말하자면 중국의 국경 안에서 일어난 모든 역사를 중국의 역사로 편입하려는 연구 프로젝트인 것이다.

현재 중국의 동북 지역은 부여, 고구려, 발해가 세워졌던 시대에는 중국의 땅이 아니었다. 간도 지역 역시 1905년 을사늑약으로 우리의 의지와는 상관없이 일본에 의해 두만강과 압록강으로 국경선이 확정되면서 중국 땅이 된 곳이다. 이렇듯 문제될 만한 소지가 있는 역사의 땅을 중국에서는 동북공정이란 이름으로 한반도가 아닌 중국의 역사로 왜곡하려는 것이다.

동북공정에 대해 조금 더 자세히 들여다보자.

동북공정에 따르면, 고조선은 기자조선에서 위만조선 그리고 한사군으로 이어지는 중국사에 속한다. 또한, 고조선, 고구려, 옥저, 동예의 주류를 형성하고 부여를 세웠던 예맥족을 중국의 고대 소수민족 중 하나라고 말하고 있다. 한편, 고구려는 중국 민족이 세운 중국의 지방 정권이며, 고려는 고구려를 계승한 나라가 아니라고 주장한다. 더불어 고려 혹은 고려국이라 불리며 고구려 계승 의식이 분명했던 발해는 말갈국으로, 즉 중국의 지방 정부라고 보고 있다.

이외에도 동북공정에서는 말도 안 되는 내용을 중국의 역사라고 우기고 있으며, 중국 내에서 각종 책을 통해 이를 사실인 양 알리고 있다. 말 그대로 역사를 왜곡하고 있는 것이다.

그렇다면 우리는 왜 지금 여기서 중국의 동북공정을 이야기하는가? 비단 부여, 고구려, 발해 등 역사에서만의 문제가 아니기 때문이다. 시간이 흐를수록 연변의 역사 역시 왜곡될 것이며, 조선족 역시 조선에서 이주해 터를 잡은 조선인의 후손이 아니라, 그저 오래된 중국의 소수민족으로 전락해 버릴 것이기 때문이다.

연변에서 오랜 시간 지켜 온 우리말, 우리 풍습, 우리 문화는 더는 우리 것이 아니게 될 것이며, 조선말은 사라져 더는 조선족이 조선말을 쓰지 않을 것이다. 그러다 보면 연변조선족자치주는 사라질 것이며, 그저 중국의 지린성으로 분류되고 말 것이다.

이미 몇 년 전부터 중국은 이러한 움직임을 보였다.

연변의 농촌 인력이 일자리를 찾아, 한국이나 중국 등의 대도시로 떠나면서 조선족의 80퍼센트 이상이 거주하는 동북 3성(지린성, 랴오닝성, 헤이룽장성을 이름)에는 농촌 공동화 현상이 심해졌다. 넓은 농지는 그대로 방치되고, 아예 없어지는 조선족 마을도 생겨났다.

주민이 줄어든 마을은 서로 통합되기도 했는데, 이에 따라 1995년 491개였던 헤이룽장성의 조선족 마을은 2007년 233개로 절반 이상 그 수가 줄어들었다. 랴오닝성도 비슷한 시기에 조선족 鄕향과 진鎭(향과 진은 중국의 향급행정구 중 하나이다)의 수가 크게 감소했다. 또한, 연변조선족자치주에서도 조선족 촌이 2015년 기준으로 5년 전보다 25개나 줄었다. 헤이룽장성에서 조선족이 가장 많이 사는 우창五常 시의 경우, 180가구였던 조선족 마을이 이제 4가구밖에 남지 않았다고 한다.

한중수교 이후 조선족 사회에 한국행 열풍이 불면서 상당수의 조선족이 한국을 찾았고, 이후 연변이나 동북 3성으로 돌아가지 않으면서 연변의 인구수는 감소세를 면치 못하고 있다. 어느 정도 돈을 번 후에도 한국이나 중국 연해 지역에 정착하는 조선족의 수가 증가하면서 방치된 농지 또한 늘어나는 실정이다. 이때를 놓치지 않고 중국 정부는 도급지 유상 회수 등 관련 제도를 정비하기 시작했다. 여기에는 해외로 진출한 조선족 농민의 땅도 포함되었다.

인구 감소는 교육에도 영향을 미쳤다. 20퍼센트가 넘는 중국의 높은 문맹률에 비해 조선족의 문맹률은 단 7퍼센트가 되지 않는다. 그중에서도 15~39세 연령층에서는 문맹률이 0.49퍼센트에 불과하다. 예부터 교육을 중시 여기던 조선족은 황무지를 개간해 학교를 세우고 아이를 교육하는 것을 최우선으로 생각했다. 하지만 현재 중국 내의 조선족 인구가 크게 줄어들면서 연변 내에서조차 문을 닫은 조선족 학교가 크게 늘어났다. 연변자치주 인민대표대회 상무위원회에 제출된 〈연변주 조선족 교육정황에 관한 조사보고〉에 따르면, 2001년과 비교해 연변 내의 조선족 초중고 학교 수가 196개교에서 74개교로 72.6퍼센트, 재학생 수가 11만3200여 명에서 2만6900여 명으로 76.2퍼센트 감소하였다. 특히 조선족 유치원의 수가 급격히 감소하였는데, 이는 청년 세대가 일자리를 찾기 위해 연변을 빠져나간 데에 따른 결과로 보인다. 실제 연변의 조선족 180만 명 가운데 무려 100만 명이 일자리를 찾기 위해 한국, 일본, 중국 내륙 등의 개발 지역으로 빠져나갔다. 이대로 간다면 얼마 지나지 않아 중국 자치주의 법적 기준인 30퍼센트 이하로 조선족 인구 비율이 떨어질지 모를 일이다. 2013년 연변주 인구 227만6000여 명 가운데 조선족은 35.1 퍼센트에 해당하는 79만9000여 명으로 집계됐다. 인구가 꾸준한 감소세를 보임에 따라 30퍼센트 이하가 될 가능성은 매우 높다고 할 수 있다.

교육을 받아야 할 아이들이 줄어들고, 교육을 해야 할 학교가 줄어든다는 것은 미래가 점차 사라지고 있다는 것을 의미한다. 사람이 없으면 힘이 없어지게 되며, 힘이 없어지면 자리를 뺏기게 된다. 자리를 뺏기면 그 자리에서의 역사 역시 사라지게 된다.

혹자는 지금의 조선족은 중국의 소수민족일 뿐, 우리와는 상관없는 외국인이라 말한다. 그들이 그곳에서 터를 잡고 살게 된 과거는 그저 과거일 뿐이고 지나간 역사는 역사일 뿐, 지금은 아니라고 말하는 것이다. 그렇다면 우리가 일본에게 침략당했던 시간 역시 과거일 뿐이고, 또 지나간 역사일 뿐일까? 그때와 지금은 다르다는 이유로 아니라고 말할 수 있을까?

우리말을 쓰고, 우리의 풍습을 가지고 있는 같은 뿌리의 민족임에도 타국에서 살고 있다고 해서 외국인이라 치부해 버린다면 도대체 어디에서 뿌리를 찾고, 어디에서 민족성을 찾을 수 있단 말인가? 한국에서 나고 자란 외국인도 외국인이라며 차별을 하면서 말이다.

동북공정에는 그리 예민하게 들고 일어나면서 왜 간도, 연변은 그저 남 일이라 보고 넘겨 버리는가? 선입견으로 우리의 역사와 뿌리 자체를 부정하고 있지는 않은지 돌아봐야 할 때이다.

우리는 중국의 동북공정에 맞서 우리의 역사를 분명히 지키고 보존해야 한다. 그리고 조선족들은 선조가 피땀 흘려 이룩한 연변 땅 역시 중국 정부로 회수되기 전에 지켜 나가야 한다.

우리는 어쩌면 서로에게 쉬운 길을 놔둔 채 서로를 외면하고 부정하고 있지는 않을까? 연변의 경제가 안정되도록 한국 기업에서 도움을 준다면 연변에서 살며 그곳을 지키려는 조선족의 숫자는 늘어날 것이다. 연변의 인구수가 늘어나고 연변의 경제가 살아난다면, 우리 입장에서도 고무적인 현상을 기대할 수 있다. 우리가 지금보다 더 연변의 조선족과 친밀한 관계를 맺고 원활한 소통을 한다면, 손쉽게 중국과의 좋은 관계를 유지할 수 있을 것이다. 또한, 중국과의 외교 문제에 있어서도 유리한 거래를 이끌어 낼 수 있을 것이다. 이토록 서로가 서로에게 원원win-win이 될 수 있음에도 우리는 서로를 너무나 외면하고 밀어내고만 있다. 이 얼마나 어리석고 손해 보는 일이란 말인가?

하나의 나무에서 갈라져 나온 많은 가지에서는 저마다 각자의 꽃이 피어나고 각자의 열매를 맺는다. 저마다의 가지에서 피어난 꽃과 열매는 결국 하나의 나무에서 피고 맺힌 것이다. 서로 다른 색깔과 모양의 꽃, 그리고 다른 향과 맛을 가진 열매를 맺을지언정 그 모든 꽃과 열매는 하나의 나무에서 나온 것이다.

우리도 그렇다. 다른 장소, 다른 환경에서 태어나고 자랐지만, 우리가 하나의 나무에서 나온 민족임은 부정할 수도, 외면할 수도 없는 사실이다. 그들은 지금도 우리보다 더 우리말과 우리 문화를 지키고 이어 나가고 있으며, 오히려 우리보다 더 잘 지키려 노력하고 있다.

이제 우리는 오랜 시간 만나려 하지 않았던, 대화하지 않았던 형제를 만나야 한다. 같은 말, 같은 문화, 같은 역사를 지키기 위해 싸워 왔던, 그럼에도 오해하고 잊어 왔던 우리의 형제를 말이다.

2장

함께
싸우다

독립 운동의 시작, 민족 학교

일제 강점기, 일제의 탄압으로 국내에서는 독립운동이 힘들어
지자, 독립 운동가들은 중국으로 거점을 옮기기 시작했다. 중국에
본거지를 두고 한반도와 세계 각지에서 독립운동을 이어 나간 것
이다. 그 대표적인 기지가 바로 우리가 잘 알고 있는 상해임시정
부이다.

우리는 상해임시정부에 대해 잘 알고 있다. 백범 김구 선생을
비롯하여 수많은 독립 운동가들이 머물렀던, 독립의 밑거름이 되
어 준 상해임시정부를 모르는 사람은 아마 없을 것이라 생각한다.

하지만 그 수많은 독립 운동가들이 상해임시정부로 넘어갈 수
있게 해준 다리가 있었음을 아는 이들은 그리 많지 않다. 지금처럼
비행기를 타고 국내에서 상하이로 건너갈 수 있었던 것이 아니기

에, 삼엄한 일제의 감시와 탄압을 피해 상하이로 넘어가기란 여간 어려운 일이 아니었다. 그런 상황에서 상하이로 넘어갈 수 있도록 다리 역할을 해준 곳이 바로 간도, 즉 지금의 연변이다.

당시 수많은 조선인이 이주해 살던 간도는 독립 운동가의 거취를 마련하고, 독립운동의 기반을 제공하였다. 한반도에서 독립 운동가들이 일제와 싸우는 동안, 간도 땅에서도 독립운동은 이어졌다. 이 과정에서 간도는 독립 운동가들이 한반도와 상하이를 오가는 데 있어 다리 역할을 해주었다.

특히 국내에서 점차 조선어 사용을 금지하고, 창씨개명 등 문화적·역사적 탄압이 시작되자 독립 운동가들은 이러한 문제를 간도에서 극복해 내려 힘썼다. 그중 하나가 바로 학교를 세워 민족의식을 고취시키는 민족교육을 실시한 것이다.

■1 서전서숙(瑞甸書塾)

서전서숙은 1906년 용정에 설립된 학교로, 조선족 교육의 시작을 알리는 신호탄이었다.

1905년, 국내에서 을사늑약이 체결되자 독립 운동가 이상설은 이동녕, 여준, 정순만, 김우용, 박정서, 황달영, 홍창섭 등과 함께 간도로 이주하여 조선인에게 민족의식을 고취할 목적으로 학교를 설립하였다.

서전서숙은 당시 재래식 구학서당 방식을 탈피하여 최초로 신식학교 방식의 교육을 시작했다는 점에서 그 의미를 더했는데, 설립 당시 반을 갑반과 을반으로 나눠 갑반은 고등(중학)교육을, 을반은 초등(소학)교육을 실시했다. 과목으로는 역사, 지리, 수학, 정치학, 국제공법, 헌법 등이 있었고, 그중에서도 항일민족교육을 최우선으로 여겼다.

초대 숙장이었던 이상설은 지금의 수학교과서 격인 《산술신서 算術新書》를 집필하여 교재로 사용해 학생들을 가르쳤다. 또한, 교사 월급, 교재비, 학생들의 학용품 등 학교 운영비를 자신의 재산으로 충당하고, 용정촌을 비롯하여 온성, 종성, 회령 등지의 교포를 만나 입학을 권유하기도 하였다.

1907년 3월, 이상설은 조선의 마지막 왕인 고종의 밀칙을 받아 헤이그 만국평화회의에 파견되면서 학교를 떠나게 되었다. 이상설이 떠나고 그 뒤를 여준이 숙장직을 이어받아 학교를 꾸려 나갔지만, 심각한 재정난과 용정에 세워진 조선통감부간도파출소의 탄압으로 인해 그해 8월, 졸업식을 마지막으로 폐교되고 만다.

서전서숙은 비록 1여 년이라는 짧은 시간 만에 역사 속으로 사라졌지만, 서전서숙이 지향했던 애국독립사상의 고취라는 정신은 이어져 이후 각지에서 항일 민족교육을 위한 학교가 설립되는 데

공헌하였다. 김약연이 명동학교를 세울 때뿐만 아니라, 박무림의 간민자치회 등 항일독립운동 조직에도 많은 영향을 주었다. 나아가 애국청년을 육성하여 1910년대 이후 항일독립운동의 기본 방향을 제시하는 데도 큰 영향을 끼쳤다.

서전서숙은 용정에 세워진 최초의 민족 학교라는 것에서 큰 의의를 가진다. 비록 1년밖에 운영되지 못했지만, 이 학교로부터 퍼져 나간 교육 열기는 많은 것을 바꾸는 동력이 되었다. 지금 연변에는 서전서숙 같은 학교가 필요하다. 연변의 소학교에서는 조선족의 역사를 가르치지는 않는다. 오직 중국의 역사만을 배울 뿐이다. 허나 민족의 뿌리를 알아야, 역사를 알아야 그들이 자부심을 가질 수 있다. 역사를 알려 주는 일은 우리 어른들의 몫이다. 답을 찾아내는 건 그들 스스로 해낼 것이다.

2 명동학교(明東學校)

명동학교는 서전서숙의 민족교육정신을 이어받아 설립된 학교라 해도 과언이 아니다.

지금의 용정시 지신진 명동촌明東村에 설립된 명동학교는 처음에는 김약연이 '규암재圭巖齋'라는 이름으로 학생들을 가르치던 서당이었다. 그러던 중 1907년 서전서숙이 폐교되자, 일부 선생과

학생들이 명동으로 오게 되었고, 이후 김약연은 마을 유지들과 상의 끝에 신학교육을 실시하는 명동서숙明東書塾을 설립한다. 김약연은 명동서숙에서 초대 숙장이자 교원으로서 활동하였다.

명동서숙은 창립된 첫해부터 잘 꾸려져 이듬해 4월 명동학교로 개칭하고 1910년부터는 중학부도 증설하였다. 교육의 질을 높이기 위해 국내에서 황의돈, 박태환, 장지영 등 지식인들을 초빙하기도 했다. 독립운동의 선구자인 이동휘도 명동학교에 자주 방문하여 민족독립과 반일선동 연설을 하기도 했다. 1909년, 신민회의 청년부 회원인 정재면이 초빙되어 명동학교로 오게 되면서 그의 영향을 받아 김약연은 기독교를 믿게 되었고, 명동교회를 세우고, 명동학교에는 성경과를 설치하였다.

당시 학교의 소학부에는 국어, 한문, 산술, 주산, 이과, 작문, 습자, 창가, 체조, 지리, 역사 등의 과목을, 중학부에는 역사, 지지地志, 법학, 지문地文, 박물博物, 생리, 수신修身, 수공, 신한독립사, 위생, 식물, 사법교육, 농림학, 광물학, 외국어번역, 대한문전, 신약전서, 중국어, 작문, 습자, 산술, 대수, 기하, 창가, 체조 등의 과목을 설치하여 반일민족독립의식을 갖춘 인재 양성에 힘썼다. 한편, 1911년 김약연은 여성 교육의 필요성을 느끼고 명동학교에 여학부를 세우기도 했다. 이는 조선족 교육사에서 최초로 시행된 여성 교육이다.

신식교육과 반일교육을 결합한 명동학교는 그 명성이 날로 퍼져 연변과 동북 일대는 물론, 러시아 연해주와 조선 국내의 청년 학생들까지 명동학교로 몰려왔다. 당시 명동학교에는 중학부 학생 160여 명, 소학부와 보통과 학생 120여 명, 고등과 학생 150여 명, 여학부 보통과 학생 50여 명, 고등과 학생 10여 명으로 총 500여 명의 전교생이 있었다.

하지만 그 많은 학생 수에도 불구하고 학교는 언제나 심한 재정난에 허덕였는데, 그 이유는 학비가 1학년부터 3학년까지는 4원 80전, 4학년은 4원 80전과 좁쌀 6말 정도로 굉장히 저렴했기 때문이었다. 그럼에도 명동학교는 어려운 환경 속에서도 끈기 있게 그 맥을 이어 가며 좋은 성과를 올리기도 했다.

매주 토요일 오후에 체육과 문예활동, 토론 강연회 등을 조직하는가 하면, 1912년 봄 용정대동교에서 열린 '제1차 간도학생운동회'에서는 명동학교의 학생 수백여 명이 북과 나팔소리를 울리며 애국가를 불러 운동장에 있는 모든 이들에게 큰 감동을 주기도 했다.

명동학교는 학교 전체가 반일독립운동의 활화산으로 불타오르고 있었는데, 국내에서 3·1 운동이 일어나자 그로부터 12일 후인 3월 13일, 연변에서 주민과 더불어 대대적인 독립운동을 펼치기도 하였다.

이와 같은 활동으로 일제는 명동학교를 조선인 독립운동의 소굴이라 여기며 1920년 10월, 혼춘사건*을 조작하여 학교를 소각하고 교장을 구속하였다. 이후 학교를 재건하려는 노력이 계속됐지만, 일제의 탄압과 재정난으로 결국 1925년에 폐교되었다.

명동학교는 그렇게 폐교되었지만, 은진학교와 명신학교 등의 설립에 큰 영향을 끼치면서 반일민족독립의식이라는 의지를 이어 나갔다.

명동학교는 단순한 학교가 아니었다. 연변의 반일운동의 본거지이자, 독립 운동가의 양성지였다. 1000여 명의 애국청년을 배출한 명동학교는 서전서숙과 함께 민족교육기관의 원조로서, 자주독립을 위한 투쟁을 할 수 있게 해준 요람지였다.

> ★ 혼춘사건: 1920년, 일본이 중국 마적을 매수하여 혼춘의 일본 영사관을 고의로 습격하게 만든 사건. 일본은 이 사건을 빌미로 대학살을 저질렀다.

3 창동학교(昌東學校)

창동학교는 명동학교와 더불어 연변의 반일민족독립운동의 요람지로 이름이 높았던 학교다.

1905년, 일제가 조선의 외교권을 박탈하는 '을사늑약'을 체결하자 서전서숙을 시작으로 연변에서는 민족교육을 실시해야 한다는 운동이 일어났다. 당시 기독교인이던 남공선, 오상근 등 애국지사들 역시 이에 동참하여 마을 사람들의 민족의식을 제고하고 나라의 국권을 회복하기 위해 학교를 설립해야 한다고 주장했다. 이에 공감한 최병균, 최종환, 최봉규, 오상인, 김성옥 등 열두 명으로 구성된 학교후원회의 도움을 받아 1907년 창동서숙昌東書塾이 설립되었다.

창동은 동해의 성국인 조선의 창성을 바란다는 의미로, 1910년 중학교를 부설하면서 창동학교라 명명하였다. 민족의 독립과 자유를 위해서 인재를 양성한다는 학교 교육의 취지에 걸맞게, 창동학교는 훗날 이 일대의 한민족 독립운동의 중심지가 되었다.

당시 학교에서 설치한 과목으로는 성경, 수신, 국어, 한문, 작문, 역사 등, 스물여덟 개 과목이 있었다. 학교는 설립 초기부터 근대 과학 지식의 전수와 더불어 반일민족의식을 일깨우는 데 주력했다.

특히, 중학부에서는 반일무장투쟁의 인재 양성을 목적으로 군사훈련과를 설치하기도 했다. 많은 항일 투사들을 배출하며 1925년까지 중학부를 졸업한 학생 수가 200여 명이 넘었는데, 그들은 훗날 항일 투쟁의 골간을 이루며 큰 힘이 되었다.

④ 은진중학교(恩眞中學校)

일제의 탄압을 피해 간도로 넘어온 조선의 우국지사와 간도에 이주해 와 있던 조선인의 협력으로 용정에서는 앞다투어 반일민족교육과 신문화교육을 위한 학교가 세워졌다. 그중 하나인 은진중학교는 1920년 2월 4일, 한 외국인 선교사의 노력으로 설립되었다.

'하나님의 은혜로 진리를 배운다'라는 뜻의 은진중학교는 개교 당시 스물일곱 명의 학생이 있었으며, 교장은 부두일이라는 이름으로 불린 외국인 선교사 푸트W. R. Foote였다. 수업 과목으로는 자연 과목을 위주로 하면서 성경, 영어, 한문 등을 가르쳤으며, 총 5학년으로 구성되었다.

당시 은진중학교의 학생들은 서른 살 전후의 청년층이 대부분이었으며, 모두 나라와 민족을 구하려는 사상과 뜻을 품고 있다. 우리가 잘 아는 윤동주, 송몽규, 문익환 등도 이 학교 출신이다.

1920년 가을, 경신년대토벌 때 연변의 사립학교인 명동학교, 북일학교 등이 일제의 토벌대로 인해 불타 없어지자 이 학교의 학생들이 은진중학교로 몰려들면서 재학생 수가 갑자기 150여 명으로 급격히 늘었다. 학생 수에 비해 교사의 수가 턱없이 부족해지자 서울의 연희전문학교(현재 연세대학교)와 평양의 숭실전문학교(현재 숭실대학교)에서 졸업생 다섯 명을 불러와 교사로 세웠다.

당시 은진중학교에서 역사를 가르친 교사 중 한 명으로 일본 제국대학 특별과를 졸업한 명희조가 있었는데, 그는 민주주의의 선각자로서 일찍이 상하이, 지난濟南 등지에서 활동하던 김구, 이웅 등이 지도하는 혁명단체들과 밀접한 관계를 맺고 있었다. 항상 한복을 입고 교단에 선 명희조는 학생들에게 민족 기개의 본보기가 되어 주었다. 명희조는 민족 사상과 반일 사상이 짙은 학생들을 선별하여 독립운동단체에 보내기도 했는데, 그중에는 윤동주의 고종사촌인 송몽규도 있었다.

민족교육과 반일 사상의 본거지였던 은진중학교는 1942년 3월 만주국 교육부의 지령으로 '간도성립 제3국민고등학교'로 이름이 고쳐진 후, 1943년 초에 일본인이 교장으로 부임하면서 교권이 완전히 일제로 넘어가 버린다.

1945년, 교사마저 모두 일본인으로 바뀌자, 학생들은 매일 수업 대신 군사훈련과 반공교육을 주로 받았고, 심지어 연길 탄약 창고 수비부대에 강제로 끌려가 노역을 강요받기도 했다. 학생들은 이러한 고역에 시달리다가 그해 8월 광복을 맞았다.

광복 이후 최시학이 교장으로 부임하면서 그해 겨울 '흥민중학교'로 개명되었다가 1946년, 학생들의 의견을 받아들여 다시 '은진중학교'로 고쳐졌다.

연변에는 이 밖에도 많은 학교의 옛터가 남아 있다. 정동학교,

길동기독학당, 북일학교, 나자구사관학교, 광명여자중학교, 대성중학교, 동흥중학교, 명신여자중학교, 광중학교, 용정중학교 등 민족의 사상과 역사를 알리려던 수많은 학교의 흔적을 찾을 수 있다.

간도의 땅에서 배출한 애국지사들은 헤아릴 수 없이 많다. 그러한 애국지사들이 있었기에 우리는 끝내 싸울 수 있었으며 희망을 잃지 않을 수 있었다.

그럼에도 아직 간도, 그 땅이 우리와 상관없는 외국인이 사는 땅이라 여기려 하는가? 그 땅에 스며든 선조의 피와 땀을 안다면 결코 그리 여기지는 못할 것이다. 그들이 무엇에도 지지 않고 교육을 실시하고 민족의식을 갖춘 학생들을 배출하려 한 마음을 헤아린다면 말이다.

3·1 운동, 그리고 용정

1919년 3월 1일, 이틀 후인 고종의 장례식에 맞추어 조선에서는 한두 명씩 사람들이 모여들기 시작했다. 이윽고 모여든 사람들은 모두 태극기를 꺼내 흔들며 만세를 불렀고, 평양, 진남포, 안주, 의주, 선천, 원산 등에서는 독립선언식이 이루어졌다.

일제는 이를 탄압하기 위해 총과 칼로 무자비하게 사람들을 죽였지만, 그럼에도 만세운동은 멈추지 않았다. 오히려 전국으로 퍼져 나가 전국적인 만세 운동이 일어났고, 수많은 사람들이 '대한독립만세'를 외쳤다.

국내에서 전국적으로 3·1 만세운동이 펼쳐지자 이 소식은 곧 간도에도 전해졌다. 그리고 그 열기는 간도에서도 이어졌다.

3·1운동의 소식을 접한 당시 용정동명중학교의 교사였던 최봉익은 그 즉시 서울로 가 조선독립선언서를 가져온다. 그리고 3월 8일, 연변의 진보인사들과 반일애국지사들은 최봉익이 가져온 조선독립선언서를 비밀리에 인쇄하여 대중에게 퍼뜨리면서 여론을 일으켰다. 그리고 한편으로는 반일시위집회의 준비를 서둘렀다.

하지만 상황은 급변하기 시작했다. 국내에서 3·1운동이 일어난 날, 베이징주재 일본공사는 중국 외교부에 연변 내에서 일어나고 있는 반일운동을 제지하라며 위협을 가했고, 3월 10일 일본 영사관에서도 총영사의 명령으로 용정에서 행해지는 반일집회를 제지하였다. 일본은 조선족 반일운동을 중국과의 외교 문제로 삼으며 중국을 협박했고, 이로 인해 중국 부대가 용정에 있는 일본 영사관을 지키기 시작했다.

3월 13일 아침이 되면 용정에 집회를 열고 시위행진을 하여 일본 영사관으로 쳐들어가려 했던 이들은 지방 당국의 급변한 태도에 모든 것이 수포로 돌아갈 위기에 봉착했다. 이에 침통함을 감추지 못했는데, 그럼에도 이들은 포기하지 않고 계획대로 3월 13일에 시위를 감행하기로 한다.

1919년 3월 13일, 새벽부터 연변 각지의 민중이 용정으로 모여들었고, 명동의 학생들도 명동학교에 모여 북과 나팔을 울리며 용정으로 행진했다.

용정 천주교교회당의 종소리를 신호로 정오 12시에 시작하려

했던 독립선언축하회는 지방 군경의 제지로 한 시간 뒤인 오후 1시에 시작되었다. 이 종은 당시 열다섯 살이던 임민호가 쳤으며, 이 종소리와 함께 각지에서 온 3만여 명의 민중들이 태극기를 들고 대회장에 모여들었다. 회장 중앙에는 '정의인도', '조선독립만세'라고 쓴 큰 오장기가 세워졌다.

김영학이 대회를 선포하고, 드디어 '간도거류 조선민족일동'이 쓴 '독립선언서포고문'이 낭독되었다.

우리 조선족은 해방을 선언하노라. 지위를 선언하노라. 정의를 선언하노라. 인도주의를 선언하노라!

우리는 영광스런 역사를 지닌 민족이요, 또한 근로한 민족이노라. 그런데 우리를 궤멸하고 타파하려는 자가 있도다. 우리 민족은 강권의 기반 하에 신음하고 농락당한지도 어언 여러 해 열력하였도다. 이는 무정이라 할 수도 없겠다. 위미부진한 약소 인생 자연화원이라 누구를 원망하며, 누구를 탓 하리오.

그러나 지사의 눈물은 바다를 채웠고, 우민의 원한은 창전에 미쳤도다. 하늘의 귀가 백성의 목소리에 향하고, 하늘의 눈이 백성이 시야로 향하고 세운이 일변하고 일도가 갱신할 제 정의 종소리는 큰 거리에 울리고 자유의 항선은 앞 나루에 닿았도다. 강국의 비행기, 잠수함은 바다 속에 침몰되고, 약자의 기발은 춘풍에 나부끼누나.

오인吾人은 천민 속의 한 사람이요, 약자 속의 한 사람이라. 오늘 천명에 순종하고 인심에 응하여 천만 민중이 일제히 한 입 같이 자유찬가를 부르며 쌍수를 굳게 쥐고 평등의 태도로 전진하는 바이로다.

저 동양문명의 수뇌, 동양평화의 보루라고 자처하는 일제의 침략으로 하여 현 정세에 변천을 가져왔도다. 오인은 이를 회고하야 문득 깨달음이 있으니 오인이 성의를 양철하야 묵인특허하리로다. 민중들은 한 맘, 한 뜻으로 단합하야 침략자들이 간도 땅을 짓밟지 못하도록 할 지어라. 모든 사람은 다 이런 신성한 책임이 있거늘 우리 간도의 80만 조선족 민중은 황천의 명소에 갈지언정 인류의 평등을 위하여 있는 힘을 다 바칠 바 이어라.

감격스러운 독립선언포고문이 낭독된 다음, 3장 공약이 발표되었다.

첫째, 오인들의 이 거동은 정의, 인도, 생존, 존엄을 위하는 요구인 즉, 배타적 감정으로 광분치 말라.

둘째, 최후의 일인까지, 최후의 일각까지 민족의 정당한 의사를 발표하라.

셋째, 일체 행동은 가장 질서를 존중하야 오인의 주장과 태도로 하여금 어디까지든지 광명정대케 하라.

공약까지 모두 낭독되자 장내에는 '만세!' 소리로 울려 퍼졌다. 시위대의 맨 앞에 서 있던 공덕흡이 '조선 독립을 성원'이라는 오장기를 들고 나섰고, 그 뒤로 큰 폭의 태극기를 치켜든 명동학교, 정동중학교의 교사와 학생들 300여 명이 행렬을 지어 질서정연하게 행진하였다. 그 뒤로는 각지에서 모여든 군중이 따랐다.

민중들은 "조선독립만세!", "일제의 침략을 반대한다!" 등의 구호를 크게 외치면서 일본간도총영사관으로 향했다. 일본인이 경영하는 학교의 학생들도 시위 군중의 행동에 감동을 받아 교장과 교사들의 제지를 뿌리치고 뛰쳐나와 시위 행렬에 참가하였다.

일제의 협박 아래 배치되어 있던 맹부덕의 부대는 시위 행렬이 상부지내로 들어가는 것을 제지하기 시작했다. 시위 군중들은 막아서는 군경들과 몸싸움을 해가며 전진하려 했다. 이 과정에서 행렬의 맨 앞에 서서 오장기를 들고 있던 공덕흡이 총에 맞아 사망했다. 연이어 총소리가 울려 퍼졌고, 사람들이 하나둘 총탄에 맞아 쓰러졌다. 그 자리에서 수십 명의 사상자가 생겼고, 시위 대열은 일대 혼란을 맞게 되면서 사방으로 흩어졌다.

이날 일제와 지방 군경의 탄압으로 인해 사망한 사람은 공덕흡을 포함하여 19명이었으며 남성 36명, 여성 12명으로 총 48명이 부상을 입고, 남성 84명과 여성 10명이 체포되었다. 허나 이 과정에서 굴복하는 사람은 없었다.

3월 17일, 용정의 각계 인사들은 의사회를 조직하여 3000여 명의 사람들과 함께 창과 몽둥이를 들고 다시 용정에 집결했다. 그들은 열사들의 시신을 메고 가두행진을 하면서 희생된 열사들을 추모하고, 일제와 군경의 탄압에 항의했다.

3·1 운동이 일어난 지 12일 후, 용정에서도 똑같은 울림이 일어났다. 그리고 희생이 이어졌다.

용정의 3·13 운동은 연변 각지는 물론 전국적으로 퍼져 있던 조선족의 반일 투지를 일깨워 주었고, 본격적인 반일 투쟁의 시발탄이 되었다. 지금도 용정 동남 교외에 있는 합성리 공동묘지에는 이때 희생된 이들을 추모하는 '충렬자제공지묘忠烈者諸公之墓'란 묘비가 세워져 있다.

우리는 3·1 운동에서 희생된 유관순 열사를 비롯한 많은 사람들을 기억하듯이, 3월 13일 용정에서 함께 싸웠던 이들도 기억해야 한다.

1919년 3월 13일, 용정에 뜨거운 땀이 흘러내렸으며, 무고한 이들의 뜨거운 피가 흘려졌음을.

독립 자금 15만 원

1920년, 연변을 발칵 뒤집어 놓은 전대미문의 사건이 발생한다. 바로 철혈광복단鐵血光復團의 단원인 임국정, 최봉설, 윤준희, 박웅세, 김준, 한상호 등 여섯 명이 조선은행 회령 지점에서 용정 출장소로 보내는 일본 군자금 15만 원을 탈취한 사건이다.

1919년 3월 13일에 일어난 반일시위가 일제와 중국 지방 당국의 무력에 의해 잔혹하게 탄압되자, 무장한 일제와 싸우려면 반드시 무력으로 대항해야 한다는 '독립전쟁론'에 입각한 조직이 생기기 시작했다. 이 사건은 그 계획을 실행한 최초의 군자금 탈취 사건이었다.

1919년 11월, 당시 조선은행 회령 지점의 사무원으로 근무하며 항일운동을 하고 있던 반일 투사 전홍섭은 일제가 용정주재 일본 영사관으로 경비를 보낸다는 소식을 입수했다. 전홍섭은 이를 철혈광복단에 비밀리에 전달했는데, 이에 윤준희는 임국정을 회령에 파견하여 전홍섭과 밀담을 나누도록 했다. 전홍섭은 밀담에서 새로운 소식이 들어오는 대로 바로 전해주겠다는 약속을 했는데, 며칠이 지난 1919년 11월 20일, 드디어 전홍섭에게서 기다리던 비밀 정보를 받게 되었다.

일본 정부에서는 용정주재 일본 영사관에 반일 투쟁 탄압 명목의 경비로 15만 원을 보내기로 하였습니다. 그런데 이들이 그 경비를 가지고 언제 떠날지는 딱히 알 수 없으니, 놈들의 출발 날짜를 알아 낼 때가지 조금 더 기다려 주시오.

정보는 입수한 철혈광복단은 전홍섭이 출발 날짜를 알아낼 때까지 계획을 준비했다. 15만 원을 탈취할 단원으로는 윤준희를 비롯하여 임국정, 최봉설, 박웅세, 김준, 한상호 등 여섯 명을 구성했으며, 그들은 수시로 와룡동에 모여 15만 원을 탈취할 계획을 면밀하게 짰다.

그러던 중 드디어 회령에서 전홍섭의 밀지가 도착했다.

놈들은 새해 초사흘, 이곳 회령에서 용정으로 떠날 예정이오. 만일 내가 동행하게 되면 일행을 습격할 때 당신들은 내 허벅지에 총을 쏴주시오. 이후로도 내가 이곳에 의심받지 않고 계속 있을 수 있게 말이오.

밀지를 받은 윤준희와 단원들은 서둘렀다.

1월 3일 새벽, 예정된 날이 되자 단원들은 목적지에 미리 도착하여 최봉설 조와 윤준희 조, 두 개의 조로 나눠 매복했다. 추위를 견뎌 가며 오랜 시간 매복한 끝에, 오후 8시쯤 드디어 일본 경비호송대가 들어서기 시작했다.

경비호송대의 맨 앞에는 총을 멘 경찰관이 말을 타고 있었다. 그 뒤로는 돈을 실은 것으로 추정되는 마차와 그 양쪽으로 두 명의 무장 경찰이, 마차 뒤로 정장 차림의 일본 관리가 말을 끄는 인부와 함께 걸어오고 있었다.

최봉설 조는 호송대 뒤로 아무도 없는 것과 전홍섭이 동행하지 않은 것을 확인했다. 그리고 조심스럽게 윤준희 조로 합류했다. 호송대는 방천에 들어섰고 이를 확인한 단원들은 일제히 권총으로 사격을 가했다. 기습적인 공격에 호송대는 모두 쓰러졌고 전투는 속전속결로 끝났다. 마차 안을 확인해 보니 역시 전홍섭의 말대로 금고 속에는 지폐 15만 원이 있었다. 단원들은 신속하게 세 마대에 돈을 나눠 담고는 흩어져 종적을 감췄다.

다음 날인 1월 4일, 용정주재 일본 영사관은 15만 원이 도난당했다는 소식을 접하고, 이 사건을 사출하기 위해 수백 명의 경찰을 평강 일대에 파견하여 많은 조선족을 체포하고 학살하였다.

1월 6일에는 100여 명의 경찰을 명동에 파견하여 조선족들을 체포·학살하였고, 1월 10일에는 또 다시 군경들을 파견하여 와룡동을 수색하던 중 도난 사건의 실마리를 찾아 최봉설 등이 범인임을 알아냈고, 본격적으로 그들을 추적하였다.

그 무렵 철혈광복단은 이미 블라디보스토크에 도착하여 총을 사들이려고 하고 있었다. 이들이 탈취한 돈으로는 3만 자루의 총을 살 수 있었다(당시 소총 한 자루가 30원이었다). 3만 자루의 총은 5000여 명의 반일 투사들을 완전 무장시킬 수 있는 양이며, 반일무장투쟁을 활발히 전개할 수 있는 발판이 된다는 것을 의미했다. 실제로 그들은 총 일부를 구입하여 북로군정서에 공급하며 청산리 전투의 대승에 큰 기여를 했다.

하지만 그들의 뜻은 얼마 가지 못하고 끝나고 말았다. 이후 안중근 의사와 의형제까지 맺었던 엄인섭이 변절하여 이들을 밀고하고 함정에 빠뜨린 것이다. 엄인섭의 밀고로 윤준희 일행이 묵고 있던 여관으로 이른 새벽에 일본 군경이 들이닥쳤고, 이에 윤준희 일행은 도망치려 했지만 결국 이들 중 세 명이 잡히고 말았다.

또한, 엄인섭의 밀고로 블라디보스토크에 있던 500여 명의 반일 투사들이 체포되고 말았다. 일제는 체포된 모든 투사들을 군함에 태워 청진 교도소로 압송하였고, 그 후 윤준희, 임국정, 박웅세, 한상호 등은 서울 서대문 교도소에서 총살형을 받는다. 이렇게 첫 반일무장봉기는 민족의 배반자인 엄인섭에 의해 허망한 끝을 맞이하였다.

　최초의 군자금 탈취 사건이었던 이 사건은 한반도와 각지의 독립투사에게 큰 열망을 불어넣었다. 본격적인 무장투쟁의 서막을 알렸고, 더욱 투철하고 활발한 독립 운동이 일어나는 데 불씨가 되었다.

　한반도에서의 움직임이 연변에 영향을 끼친 것도 있지만, 이처럼 연변에서의 움직임이 국내에 영향을 끼친 일도 많다. 국내뿐만 아니라 각지에서 들리는 독립 투쟁의 소식은 포기하고 싶은 순간에 결코 포기할 수 없게 하는 조국 독립이라는 희망을 불어넣어 준 것이다.

　우리는 함께 싸웠다. 한반도에서, 간도에서, 상하이에서, 러시아에서…. 그것은 독립을 향한 한마음으로 함께 싸운 한 민족이었기 때문이다. 이것이 부정할 수 없는 사실이며, 잊지 말아야 할 진실이다.

노투구 만인갱

　한때, 연변 용정시 노투구진 서북쪽 원보산 기슭에는 노투구 탄광이 있었다. 평범한 이 탄광은 '만인갱'으로 불리는데, 이는 일제의 무자비한 학살로 이 탄광에 묻힌 인부의 시신이 만 명도 넘기 때문이다.

　노투구 탄광은 1886년경에 발견되었는데, 청나라의 봉금 정책이 폐지되자 개척민들은 탄광에서 채굴을 하기 시작했다. 처음에는 채굴을 위한 장비도 없었던 탓에 원시적인 방법으로 석탄을 채굴했다. 당시에는 석탄 수요량도 얼마 되지도 않고, 교통도 불편하고 숲도 우거진 탓에 석탄 채굴이 활성화되지 않았다.
　하지만 이후 동북 지방에 근대 공업이 발달하면서 석탄 수요량이 급격하게 늘어났고, 1888년 길림혼춘초간국에서 천보산의 은 동광을 정식으로 운영하면서 노투구 탄광 역시 빠른 속도로 개발되기 시작했다.

노투구 탄광의 개발 시기는 일제가 연변을 침략한 시기와 맞물리는데, 1905년 러일 전쟁에서 승리한 일본은 요동반도를 차지했고, 동북 각지에 본격적인 침략을 꾀하기 시작했다. 연변에서도 이때부터 일제의 침략 활동이 잦아졌다.

1907년 8월, 용정에 조선통감부간도파출소를 세우고 2년 후에는 총영사관을 세워 연변의 자원 약탈을 본격적으로 시행했는데, 그중에는 노투구 탄광도 포함되었다. 당시 노투구 탄광의 인부 수가 100여 명 정도였을 만큼 노투구 탄광은 활발하게 운영되고 있었다.

1918년 일제는 온갖 모략으로 지린성 당국을 매수하여 '노투구 탄광 중일공동경영조약'을 체결했는데, 이 조약에는 중국과 일본 양쪽에서 각각 10만 원의 자금을 내어 중국 관청과 일본 상인이 공동으로 노투구 탄광을 경영한다는 내용이 담겨 있었다. 그리하여 1918년부터는 일본이 탄광의 실질적인 운영을 맡게 되었다.

1931년, 9·18 만주 사변 후, 일제는 '중일공동경영조약'을 깨버리고, 노투구 탄광을 독점한다. 그때부터 일제는 해마다 많은 석탄을 약탈하여 일본 본토로 보냈는데, 1931년과 1932년에 빼돌린 석탄의 양만 하더라도 약 2~3만 톤 정도가 된다고 한다.

일제가 노투구 탄광을 강점한 시기, 중국 역시 반식민지가 되어 버린 상태라서 중국 사람들 역시 도탄에 허덕이고 있었다. 집을 잃고 땅이 없는 농민들이 생계를 위해 길에서 구걸을 했고, 일제는 이런 무연고자들을 잡아들여 탄광의 인부로 쓰곤 했다. 당시 사람들도 일제가 운영하는 탄광에서 일을 한다는 것은 지옥으로 들어가는 길임을 알고 있었기에, 인부가 잘 구해지지 않자 이런 식으로 인신매매를 일삼은 것이다.

무연고자뿐만 아니라 길을 가던 사람들을 닥치는 대로 잡아오기도 했으며, 돈이 적게 든다는 이유로 어린아이들까지 잡아들였다. 이렇게 잡혀 온 사람들은 낙후한 장비와 원시적인 방법으로 가혹한 채굴 작업을 해야 했다. 이런 방식으로 14여 년 동안 160만여 톤의 석탄을 노투구 탄광에서 채굴했다.

그럼에도 인부의 생사나 안전에는 무관심하여 가스 폭발 사고가 발생하면, 갱 안의 인부가 몇 명이든 상관하지 않고 바로 갱구를 틀어막아 갱내의 석탄을 보호하는 것에만 급급했다.

인부의 급여를 제대로 지급하지도 않았다. 1941년 통계자료에 의하면 평균 한 명의 인부가 하루에 캐는 석탄 양이 0.45톤 정도였는데, 돈으로 환산하면 7원 20전 정도의 가치였다. 일제는 급여라는 명목으로 현금 대신 전표를 항상 떼어 주었는데, 떼어 준 전표는 탄광 안에 있는 식당과 술집에서만 쓸 수 있었다. 이마저도 일반 식당과 술집보다 두세 배는 높은 요금을 받았다. 그뿐만이 아니라, 인부들에게서 온갖 되지도 않는 이유로 세금을 붙여 돈을 거둬들였기 때문에 인부들은 노동착취를 당하고 있는 것과 별반 다를 바가 없었다. 말 그대로 비난을 피할 명분으로 급여를 꼬박꼬박 지급하는 것처럼 보이게끔 속임수를 쓴 것이다.

이처럼 일제는 탄광의 모든 인부들을 인간이 아닌 짐승처럼 부려 먹었다. 노투구 탄광의 탄광장으로부터 갱장, 십장 등의 다양한 통제 기구를 만들게 하여, 인부 열두 명에 한 명꼴로 감시원을 붙여 감시하는 방식으로 인부들을 관리하였다. 이것으로는 부족했는지 탄광 주위를 모두 철조망으로 둘러 쳐, 인부들이 밖으로 빠져나가지 못하게 탄광을 바깥과 완전히 분리하였다.

또한, 관동수비대 1중대와 자위단을 장기적으로 배치하여 도망치는 인부가 있으면 붙잡아 생매장하는 방식으로 죽임으로써 인부들이 반항하지도, 탈출하지도 못하게 탄압하였다. 그렇게 죽을 때까지 일을 시키다가 인부가 죽으면 근처 골짜기에 그 시신을 내다 버렸다. 이런 식으로 죽은 인부의 시체가 무려 1만900여 구에 달하는데, 이 때문에 노투구 탄광이 '만인갱'이라 불리게 되었다.

모든 억압에는 자유를 위한 움직임이 있는 법, 1929년부터 1932년 동안 연변 각지에는 항일 무장투쟁과 함께 유격대가 만들어졌다. 항일 무장투쟁의 바람이 일자, 노투구 탄광의 인부들도 함께 들고 일어서기 시작했다. 항일 투쟁에 참가한 인부들만 해도 무려 1000여 명가량이나 되었다.

1932년 가을, 항일 유격대가 노투구 탄광회사를 습격하여 수십 명의 자위단을 격파하고 무기와 탄약을 탈취하는 데 성공한다. 이 일은 탄광에서 일하던 인부들에게 투쟁심을 불러일으켰고, 이때부터 인부들은 일제의 감시를 피해 화약과 뇌관, 도화선을 빼돌려 유격대에 보내 주었다. 그리고 1931년, 지하조직의 지휘하에 대파업을 단행하여 2개월 만에 승리하기도 하였다.

태평양 전쟁이 발발하자 일제는 전쟁에 필요한 석탄을 더욱 채굴하려 애썼지만, 이제는 당하고 있지만은 않겠다는 의지로 인부들은 일제와 맞서 싸우기 시작했다. 그리하여 1943년에는 20만여 톤의 석탄을 채굴했지만, 1944년에는 14만여 톤의 석탄밖에 채굴해 내지 못했다. 그리고 끊임없는 투쟁으로 끝내 그 지독한 만인갱에서 탈출하게 되었다.

노투구 만인갱은 일제가 조선족에 행한 만행의 증거이자, 일제의 민간인 학살이라는 슬픈 역사의 한 조각이다.

1974년 중국 정부는 수난당한 인부들을 추모하고, 일제의 만행을 폭로하기 위해 '만인갱'의 옛터에 기념탑을 세웠다.

만인갱에 묻힌 그 수많은 인부들의 생명은 일제로 인해 우리가 흘려야 했던 또 다른 상처의 피며 희생이었다. 알지 못했기 때문에 아픈 줄 몰랐고, 알지 못했기 때문에 잃은지도 몰랐던 우리의 슬픈 역사와 생명이 그곳에 묻혀 있는 것이다.

우리가 한국인이든, 조선족이든 그런 건 아무래도 상관없다. 그저 우리는 그들을 기억해야 하고, 그들의 억울한 죽음을 기억해야 한다. 그들이 우리의 역사의 한 부분이라는 것은 어찌해도 달라지지 않는 진실이니 말이다.

해란강의 슬픔

일송정 푸른 솔은 늙어 갔어도, 한 줄기 해란강은 천 년 두고 흐른다.

가곡 〈선구자〉의 노래 가사로 잘 알려져 있는 일송정과 해란강. 비암산의 정상에는 작은 정자가 하나 있는데, 일송정은 바로 그곳에 위치하고 있다.

일송정에서 바라보면 해란강의 모습이 잘 보인다. 그곳에 서서 보는 유유히 흐르는 해란강의 모습은 가히 장관이라 말하기 충분하다. 그러나 이 해란강에는 이름 모를 우리 선조들의 수많은 피와 눈물이 담겨 있어 가만히 바라보고 있자면 알 수 없는 슬픔마저 느껴진다.

일송정 소나무

1946년 8월, 연길에는 공작대가 파견된다. 일제의 잔당과 죄악을 적발하기 위함이었다. 그때 김신숙이라는 사람이 오랫동안 몰래 보관해 오던 자료 하나를 공작대에게 내어 주었다.

그녀가 내어 준 자료는 연길에서 살던 그녀의 남편이 일제에게 살해당하기 전 남겨 놓은 유품이었는데, 그녀는 남편의 유언대로 이 자료를 맥주병 속에 넣어 땅속 깊숙이 숨겨 두었다가 광복을 맞은 다음에야 비로소 공작대에게 건네준 것이었다.

그녀가 건네준 자료의 내용은 가히 충격적이었다.

1930년, 동만주에서는 반제·반봉건을 내세운 5·30 운동이 일어났고, 이듬해에는 9·18 만주 사변이 일어났다. 당시 일제는 친일파들을 앞세워 이 일과 연관된 수많은 항일 투사는 물론, 무고

한 사람들을 잡아들여 학살하였다. 이 무렵 해란강변을 따라 마반산, 하동, 화련리, 소영자, 화첨자 등지에서 90여 차례나 무고한 백성들을 학살한 전대미문의 사건, '해란강 대참안'이 일어났다.

일제는 노인과 아직 젖도 떼지 못한 아기, 만삭의 임신부까지 가리지 않고 무자비하게 학살했다. 이런 식으로 2여 년 동안 학살한 사람 수가 무려 1700여 명에 달했는데, 한없이 맑았던 해란강 물이 붉게 변할 정도였다고 한다. 또한, 소영자를 폭격하고, 마반산을 포위하여 백성들을 총살했다. 사람의 눈을 도려내거나 코를 베어가는 잔인무도한 행위도 서슴지 않았다. 칼로 사람의 배를 갈라 창자를 끄집어내고, 가마에 삶아 죽이는 등 살인을 즐기는 듯한 모습을 보였다고 한다.

김신숙의 자료를 확인한 공작대는 바로 이 사실을 연길 정부에 보고하였고, 보고를 받은 정부는 바로 공작대를 추가 파견하여 이 일에 공조한 열여덟 명의 일제 잔당을 체포했다.

1946년 10월, 잡아들인 일제 잔당의 죄를 공소하고 공개 심판하는 '해란강 대참안 청산대회'가 열렸다. 해란강 대참안 청산대회는 1946년 10월 30일부터 11월 5일까지 연길시 중심에 위치한 서광장(지금의 복무호텔 자리)에서 열렸다. 이 소식을 듣고 소영자, 마반산, 하동, 화련리, 화첨자 등지에서 열사의 유가족과 피해자 가족들 600여 명을 포함하여 1만여 명의 군중이 찾아와 광장은 순식간에 수많은 사람들로 가득 찼다.

경연대회가 열리고 열여덟 명의 전범자들이 포승줄에 결박된 채 심판대 위에 오르자, 피해자 가족들은 바로 전범자들의 죄를 공소하기 시작했다. 먼저 해란강 대참안의 자료를 제공한 김신숙이 심판대 위의 연단에 섰다. 그녀는 이들을 체포하게 된 경위를 말한 후, 그들의 만행을 공개했다. 그녀의 말이 이어질수록 광장은 사람들의 눈물과 분노로 가득 찼다.

그녀가 연단에서 내려오자 이어 화련리의 이삼달이라는 사람이 연단에 올라섰다.

이들은 우리 가족 열다섯 명을 살해했습니다. 저는 죽음 속에서 겨우 살아남았습니다. 1932년 음력 8월 7일, 일본군 수비대와 자위단 70여 명은 기관총을 들고 아홉 세대밖에 살지 않던 우리 촌을 갑자기 포위하고는 집집마다 불을 질렀습니다. 그리고 살겠다고 뛰쳐나오는 사람은 노인이고 어린아이고 할 것 없이 모두 창으로 찔러 죽이고, 눈에 띄는 사람들은 모조리 총으로 쏴 죽였습니다. 인간이… 인간이 어떻게 이런 짓을 할 수 있단 말입니까? 어떻게… 어떻게 해야 이 원한을 다 갚을 수 있단 말입니까?

이삼달은 결국 목이 메여 더는 말하지 못하고 내려왔다. 그의 뒤를 이어 또 한 여인이 올라 자신의 남편이 살해당한 이야기를 했다. 또한, 흰머리가 지긋한 할머니가 부축을 받으며 연단에 올라

섰다. 그녀는 자신의 아들이 살해당한 이야기를 했다.

9·18 당시 하동의 자위단 여덟 명이 우리 집을 포위하고 우리 아들을 잡아갔소. 우리 아들의 행방을 알아보기 위해 엿새 동안 영사관, 헌병대, 경찰서를 찾아 다녔지만 아무 소식도 알 수 없었지. 일본놈들이 알려 줄 리가 있겠소? 나중에 소문을 들었는데, 우리 아들의 입에 재갈을 물리고 입안에 총을 쏴 죽였다고 하오.

할머니가 눈물을 삼키며 떨리는 목소리로 이야기를 끝내기가 무섭게 광장에서 몇 명이 뛰쳐나와 심판대 위의 전범자들을 때리려고 했다. 진행 위원의 만류로 겨우 제지한 후, 경연을 다시 이어 갔다. 이번에는 또 다른 유가족이 연단에 섰다.

우리 아들은 귀순하라는 놈들의 말을 듣지 않았다고 죽임을 당했습니다. 큰 돌덩이로 아들을 움직이지 못하고 눌러 놓고는 가죽 채찍으로 사정없이 내려쳤다고 합니다. 그래도 아들이 죽지 않자 석마에 갈아 우리 아들을 죽… 죽였습니다.

피해자 유가족들의 공소는 끝이 없었다. 남편을 붙잡아다 철사로 전신을 동여매고 창으로 찔러 죽였다는 이야기, 집 안에 가둬 불을 지르고, 불 속에서 뛰쳐나오는 사람들을 총으로 쏴 죽였다는 이야기 등, 잔인하고 극악무도한 학살 고발은 끝없이 이어졌다.

그중 한 청년이 연단에 섰는데, 그의 아버지는 가난한 농민들에게 곡식은 물론 돈을 나눠 주기도 했던 애국지사였다. 이것이 죄가 되어 일제는 불온 분자라는 명목으로 그의 아버지를 잡아가 살해했다.

저의 아버지는 일본놈들에게 잡혀 일본 영사관에 끌려갔습니다. 그곳에서 그놈들은 아버지의 두 눈을 뽑고 간을 도려내어 결국 아버지는 돌아가셨습니다. 어머니는 이 참상을 목격하고는 양잿물을 마시고 자살하셨습니다.

전범자들의 고발은 사흘 동안 이어졌다. 사흘에 걸친 공소가 끝난 후에야 잡아들인 전범자들은 처벌했지만, 이 참사에 공조한 모든 전범자들을 잡아들이지도, 처벌하지도 못했다.

그들의 피와 눈물이 담긴 해란강은 그래서인지 일송정에서 가만히 내려다보고 있으면 알 수 없는 슬픔을 불러온다. 그저 유유자적 흐르는 해란강처럼 피해자 역시 이제는 저 강물처럼 자유롭고 평온하기만을 바랄 뿐이다.

연변 민중의 목소리를 담다, 민성보

1928년 1월, 연변에서 첫 발간된 신문 《민성보民聲報》는 민의를 대표하고 민중의 목소리를 대변한다는 뜻을 가지고 있다. 나라와 민족의 운명이 기운 시대에서 반제·반봉건의 깃발을 치켜든《민성보》는 1920년대 연변에서 유일하게 발간된 진보적 한글 신문이자, 1920년대 말 연변의 역사, 정치, 경제, 교육. 문화 분야 등을 연구할 수 있는 중요한 사료이기도 하다.

《민성보》는 일본 제국주의가 연변의 정치, 경제, 문화, 군사 분야 등을 포섭하며 전반적인 침략을 감행하던 시기에 만들어졌다.

당시 일본은 중국 정부를 협박하여 다양한 조약을 체결하기 위해 중국 동북의 남부와 연변을 포함한 지역을 자신의 세력 범위

안에 넣으려고 했다. 1907년 8월, 조선통감부간도파출소를 세우고, 1909년 간도협약을 체결한 뒤에는 용정, 국자가局子街(연길) 등을 자신들의 상부지로 결정하였다. 또한, 길회철도吉會鐵道 부설권과 조선인 영사재판권을 가져갔다. 또, 같은 해 조선통감부간도파출소를 철거하고 간도일본총영사관을 설립한 후, 연길, 화룡, 혼춘, 왕청, 안도 등을 관할하기 시작했다. 그러면서 용정에서 실시되고 있는 민족교육을 말살하기 위해 학교를 세우고 일본 신문을 발행하였다.

그러던 중, 1927년 7월 일본 상인들이 세금을 납부하지 않은 수입물은 창고에서 빼내지 못한다는 중국의 세금 납부 조항을 무시하고 물건들을 강제로 빼낸 사건이 일어난다. 이 일로 인해 연길을 포함한 연변 각 지역의 조선인들은 분개하며 일본 제국주의를 반대하는 시위행진을 단행한다.

이 일을 계기로 일본 상인들은 잘못을 인정하고 세금을 납부하였다. 한편, 이 사건 이후 연변농공상학공민연합회와 애국적 진보 인사들이 모여 주권을 수호하고 일본의 무자비한 탄압과 착취를 밝히기 위한《민성보》창간 준비를 자발적으로 진행하기 시작했다.

1927년 여름, 연길과 화룡의 애국 인사들의 도움으로 의연금을 모금하여 인쇄기를 구입하였고, 용정촌 신안거리(지금의 민성거리)에 신문사를 꾸렸다. 그리고 1928년 1월, 드디어《민성보》가 정식으로 첫 발행되었다.

《민성보》는 매주 여섯 편을 발행하였는데, 총 4개의 면으로 구성되어 있었다. 1면부터 3면의 전반부까지는 한문으로, 3면 후반부터 4면까지는 한글로 기재되었다. 민성보는 한 편당 2000부 전후로 발행됐는데, 비록 발행량이 많지는 않았지만 그 파급력은 아주 컸다.

민성보가 출간하기 전까지는 대부분의 용정 사람이 일본인이 경영하고 발행하던 《간도일보間島日報》를 통해 정세를 파악하고 있었지만, 민성보가 출간되면서부터는 용정의 여론도 크게 뒤흔들리기 시작했다.

《민성보》는 함께 각성하고 단합하여 외환을 막아 나서자고 호소하는 진보적 내용을 담고 있었으며, 편집 취지가 일제의 탄압을 규탄하는 것에 있었기에 《민성보》가 발행될 때마다 용정 주민들의 항일 투지는 불타올랐다.

이런 탓에 일제는 《민성보》를 눈엣가시로 여길 수밖에 없었는데, 당시 한글판의 총편집자였던 윤화수에게 갖은 위협과 공갈을 일삼기도 했다. 《간도일보》에서는 《민성보》와 베이징 향산자유원香山慈幼院[중국의 정치가이자 교육가인 숭시링(熊希齡)이 세운 교육 기관]에서 온 교사들을 '두 가지 큰 악마'라고 하면서 '적색분자가 숨어들었다'라는 말로 그들을 모함하기도 했다. 일제는 계속하여 온갖 만행을 저질렀지만 그럼에도 《민성보》는 흔들리지 않고 굳건히 제 갈

길을 걸어갔다.

《민성보》는 형식과 내용 면에서 큰 주목을 받았는데, 대량의 판면, 큰 글자 표제, 대량의 편폭과 사론, 사회조사, 통신, 대사건, 잡문 등 다양한 분야의 내용을 담아 발행했다. 당시에는 싣기 힘들었던 한글 시를 신문에 실기도 했다.

《민성보》 1929년 1월 5일자에서는 〈피압박자들의 목소리〉라는 제목으로 일제와 투쟁하라고 호소하는 글을 올리기도 했으며, 1929년 4월 1일자에서는 연길 동산 제3소학교, 연길성립 제4사범학교와 화룡 등에서 펼쳐진 황허 강 72열사 순국 기념 활동 소식을 보도하기도 했다.

또한, 당시 연변 상권은 조선인이 운영하는 민영발전소, 제분소, 양조장, 사탕 공장, 제재 공장, 은행 등 상업 시설이 주를 이뤘는데, 일본 상품과 일본 담배가 수입되면서 상권이 무너지고 있었다. 《민성보》는 이를 규탄하며 '외국 상품을 배격하고 이권을 만회하자!', '관세의 성벽을 높이 쌓으라!' 등, 민족의 상업을 진흥시키기 위한 건의와 공감을 끌어내기도 했다.

하지만 늘 그렇듯이 자신들의 그릇만을 채우는 데 급급했던 부패한 관리들로 인해 연변 상권은 더욱 어려워졌다. 그러자 《민성보》는 신문에 만화 하나를 실었다. 만화에는 국가 세금을 올가미로 표현하고, 민족의 상품을 병아리로 표현하여 병아리가 교수대에 동여매진 채 있고, 외국 상품으로 비유한 솔개가 병아리를 쪼아 병아리가 털이 다 빠져 죽기 일보 직전에 처해 있었다. 다시 말해 현대의 시사만평을 당시 시대 상황에도 불구하고 《민성보》에서 실은 것이다.

허나 이러한 《민성보》의 행보도 오래가지는 못했다. 중국 국민당과 공산당의 국공합작이 분열되고 국민당이 혁명 쿠데타를 일으키자, 이 일로 신문사의 주요 인사들이었던 손좌민, 이별천 등이 용정을 떠나게 되었다. 이로 인해 민성보의 주요 인사들이 바뀔 수밖에 없었고, 이후 국민당의 지나친 간섭으로 인해 《민성보》는 점차 퇴색되기 시작하였다. 그럼에도 《민성보》는 일제의 만행을 알리고자 노력했지만, 우호적인 인사들이 대거 배제되면서 결국 1931년 만주 사변 이후 정간되고 만다.

신문사 사장이었던 관준언은 직원들에게 마지막으로 이렇게 말했다고 한다.

오늘 세상에 나온 지 3여 년밖에 되지 않은 《민성보》는 정간하게 되었지만, 왜구가 우리 신성한 영토에 남아 있는 한, 반일 투쟁은 언제나 멈출 수 없다. 나 역시 곧 연변을 떠나게 되겠지만, 마음은 영원히 연변에 남아 있을 것이며 영원히 연변의 민족동포를 잊지 않을 것이다. 우리는 반일, 반봉건의 깃발 아래 목적을 달성할 그날까지 계속 전진하며 끝까지 투쟁해야 한다.

《민성보》는 당시 연변에서 살아가던 우리 민족의 마음을 대변한 신문이었다. 민중의 목소리를 대변한 《민성보》는 짧지만 뜨거웠다. 아마도 일제에 맞서 싸우고자 했던 애국지사들의 마음이 담겨 있었기 때문일 것이다. 《민성보》가 있었기에 동시대를 살아간 윤동주나 송몽규와 같은 문인도 있을 수 있지 않았을까?

3장

그들이
있었다

항일 무장투쟁의 전설, 홍범도

1907년, 일찍이 부모를 여의고 어렵게 생계를 이어오던 한 남
자가 갑산에서 전국적으로 의병을 모집하기 시작한다. 그는 바로
봉오동 전투로 유명한 항일 무장투쟁의 전설, 홍범도 장군이다.

1907년 9월, 일제는 항일 무장투쟁의 세력을 약화시키기 위해
총포 및 화약류 단속법을 공포하고 포수들의 총을 본격적으로 회
수하기 시작했다. 이는 산간 지방에서 사냥을 주업으로 살아오던
포수에게는 사활이 걸린 일이었다. 때문에 심한 반발이 일어났고,
반일 감정은 극에 달했다.

그해 11월 차도선, 태양욱, 송상봉, 허근 등과 함께 산포대山砲
隊라는 조직을 만든 홍범도는 일본군에 대적하였다. 유격전을 통

해 북청, 후치령을 중심으로 갑산, 삼수, 혜산, 풍지 등에서 승리를 거뒀다. 아홉 시간에 걸친 전투 끝에 적을 모두 무찌르는가 하면, 한때는 갑산 전체를 장악하기도 하였다. 기세를 몰아 홍범도를 비롯한 반일의병들의 무장투쟁이 본격화되었고, 조선 방방곡곡에서 항일 투쟁의 열기가 불타올랐다.

그러던 1910년 겨울, 일제의 계속된 무장투쟁세력 토벌 활동으로 인해 홍범도의 의병대는 난관에 봉착하고 만다. 많은 의병이 조직을 해산하고 돌아가는가 하면, 군사물자가 바닥나기도 했다. 이러한 어려운 환경 속에서도 홍범도는 반일 투쟁을 이어가기 위해 소수의 정예를 데리고 압록강을 건너 중국 지린으로 거처를 옮긴다. 이곳에서 홍범도는 우선 황무지를 개간하여 농사를 짓고, 사냥을 하여 의식주 문제부터 해결하였다. 동시에 의병대 본영을 건설하고, 의병을 훈련시키고 무기와 탄약을 만들었다. 부대가 어느 정도 정비되자, 다음 해 홍범도는 부하 박영신으로 하여금 함경북도 경원의 일본 수비대를 습격하게 하여 큰 성과를 거둔다.

중국에서 3여 년의 세월을 보낸 홍범도는 소수의 의병대를 거느리고 러시아 연해주로 넘어간다. 그리고 6여 년간 연해주에서 궂은일을 가리지 않고 일을 해 번 돈으로 오연발총 열일곱 자루와 탄약을 산다. 이후로도 중국에서 3여 년 동안 농사와 사냥을 통해 무기와 탄약을 사들였다. 홍범도는 그렇게 모은 무기와 탄약으로 106명을 무장시켜 간도로 향했다.

1919년 3·1 운동이 일어나자 홍범도는 안도현 명월구에서 의병과 포수를 모아 대한독립군을 조직하고, 자신은 총사령관을 맡는다. 대한독립군은 약 400여 명으로 구성된 독립군이었다. 같은 해 8월, 홍범도는 400여 명 중에서 200여 명의 조직을 따로 구성하여 국내에 잠입한다. 그들은 밤을 틈타 혜산에 접근하여 일본군 수비대를 급습했는데, 이를 시작으로 갑산, 혜산, 자성 등의 일본군을 급습하여 모두 승리하였다. 특히, 10월 만포진 전투에서는 70여 명의 적을 사살하는 쾌거를 거두기도 했다.

이후 홍범도는 독립군 연합부대에 속해 1920년 2월과 3월 회령의 일본군과 종성 일본 헌병대를 습격하여 승전보를 올린다. 다시 러시아 연해주에서 여러 개의 기관총과 권총을 들여온 그는 독립군의 본거지를 안도에서 왕청으로 옮긴다.

더욱 강력하게 무장한 독립군부대는 틈틈이 일본군을 습격하였는데, 조선총독부의 편파적인 통계에 의하더라도 그해 1월부터 6월 사이에 30여 차례의 전투가 있었다고 한다. 특히 수많은 전투 중 봉오동 전투는 홍범도 장군의 지휘하에 독립군 연합부대가 연변 땅에서 큰 승리를 거둔 첫 저격전이었다.

봉오동은 도문시에서 서북쪽으로 약 6킬로미터쯤에 위치한 곳으로, 전투가 일어난 곳은 지금의 봉오동 저수지이다. 봉오동 전투를 앞둔 그해 5월 28일, 봉오동에서 군무도독부, 신민단, 군정서, 광복단, 의군단, 국민회군 등 여섯 개 무장단체들은 힘을 합쳐 대한북로독군부를 조직하고 그 사령부 본부를 봉오동에 두었다. 당시 봉오동과 그 주변에는 600~800여 명의 독립군이 주둔하고 있었다.

봉오동 전투는 삼둔자 전투, 후안산 전투, 봉오동 전투로 구성되는데, 전투의 서막을 알린 것은 삼둔자 전투였다. 삼둔자 전투는 독립군이 삼둔자 서북쪽 골짜기인 봉화리에 매복하고 있다가 일본군 남양수비대 아라요시 중위가 인솔하던 1개 중대와 일본 경찰 10명을 격파한 전투를 말한다. 이어 벌어진 후안산 전투에서는 양쪽 모두 큰 피해를 입지 않은 채 교전이 끝났다.

그리고 6월 5일, 야스가와 소좌는 조선주재 제19사단의 명령을 받고 200여 명의 병력으로 월경추격대대를 편성하여, 다음 날 저녁 봉오동으로 진군했다. 봉오동 하촌 마을에 도착한 야스가와 부대는 인기척이 전혀 없자 곧 상촌으로 향했다. 허나 이미 독립군 부대 400여 명을 배치해 둔 홍범도는 숨죽이며 그들이 사정권으로 들어오기만을 기다리고 있었다. 드디어 야스가와 부대가 사정권 안에 들어왔고 이에 독립군은 적을 향해 사정없이 맹사격을 퍼부었다. 약 네 시간 동안의 치열한 전투 끝에 일본군은 대대장, 중대장, 준사관 각 1명과, 병사 49명이 즉사했고, 중경사자는 그 수를 헤아릴 수 없을 정도였다. 반면, 독립군 쪽은 사망 3명, 경상 2명에 불과했다.

봉오동 전투는 계획적인 매복전을 진행하여 일본군을 무찌른

독립군의 첫 전투로서, 이후 항일 무장투쟁에 큰 희망과 용기를 불어넣어 주었다. 이 승리 소식은 1920년 6월 22일, 《길장일보吉長日報》에 '일한군대의 대격전'이라는 제목으로 세상에 널리 알려졌다.

이후, 홍범도는 같은 해 9월에도 북로군정서北路軍政署 제1연대장으로 청산리 전투에 참가하여 김좌진과 함께 큰 승리를 이끌어 낸다. 그 뒤, 독립운동단체가 헤이룽 강의 국경 지대에 집결하자, 항일단체들의 통합을 주선하여 대한독립군단을 조직하고 부총재가 되었다.

1921년 1월, 러시아령 헤이허黑河 자유시로 이동한 홍범도는 스랍스케 부근에 주둔했는데, 당시 러시아의 정권을 쥐고 있던 레닌 정부의 협조를 얻어 고려혁명군관학교를 세우고 독립군 양성에 힘썼다.

하지만 같은 해 6월, 소련 당국의 한국 독립군에 대한 무장해제령으로 빚어진 자유시 사변이 일어난 후, 이르크츠크로 거처를 옮긴다. 그곳에서 한인 동포와 함께 집단 농장을 조직하여 농촌 건설에 구슬땀을 흘렸다. 허나 그것도 잠시 뿐, 1937년 스탈린의 한인 강제 이주 정책이 시행되면서, 그는 카자흐스탄 크질오르다로 강제 이주되었다. 그는 그곳에서 극장 야간 수위, 정미소 노동자로 일하다가 1943년 10월 25일, 일흔여섯의 나이로 눈을 감는다.

그가 사망하고 여러 해가 지난 1982년, 카자흐스탄의 한글−러시아어 신문《고려일보高麗日報》의 기자와 한인이 중심이 되어 크질오르다 중앙 공동 묘역으로 그의 묘를 이장하였으며, 흉상과 세 개의 기념비를 세웠다. 또, 말년에 거주하던 그의 집은 크질오르다의 역사기념물로, 집 근처 거리는 '홍범도 거리'로 지정되었다. 또한, 대한민국 정부는 1962년 독립운동에 기여한 공훈을 기려 건국훈장 대통령장을 추서하였다.

　조국을 되찾기 위해 평생을 바친 홍범도 장군은 결국 조국의 독립은 보지 못했다. 하지만 그의 불타는 애국심은 오랫동안 남아 독립무장투쟁에 큰 영향을 미쳤다. 그가 오늘날 전설적인 명군으로 전해지는 데에는 불후한 업적과 더불어 포기할 줄 모르는 그의 기백이 있었기 때문일 것이다.

편안한 삶 대신 투쟁을 택하다, 김좌진

　김좌진은 1889년 충청남도 홍성에서 양반가의 둘째아들로 태어났다. 당시 부친인 김형규는 30여 명의 머슴을 두고, 2000여 평의 땅을 가진 부유한 양반이었다. 덕분에 김좌진은 어릴 때부터 남부러울 것 없이 지냈다. 그는 다섯 살 때부터 서당에서 공부를 시작하였는데, 주로 《손자병법》, 《육도삼략》 등의 병서를 즐겨 읽었다고 한다.

　조선이 실질적인 일제의 식민지로 전락하자, 김좌진은 부패하고 무능한 통치 계급과 양반 세력에 불만을 품고 나라를 구하기 위해서는 봉건적 계급차가 없어야 한다고 생각했다. 그래서 그는 열다섯 살이 되던 해, 자신의 가노를 모두 해방시켰다. 그리고 이듬해 서울로 올라와 육군무관학교에 입학하면서 을사늑약으로 뺏긴

국권을 회복하고 국운을 바로잡기로 결심한다.

1907년, 고향으로 돌아온 그는 가산을 정리하고 호명학교湖明學校를 세워 빈부귀천을 가리지 않고 마을 아이들에게 근대 지식과 반일 사상을 가르쳤다. 그는 직접 교장직과 교수직을 맡으며 자력갱생하였는데, 2000여 평의 황무지를 개간하고 400여 그루의 감나무를 가꿔 학교 경비에 보탰다. 그의 노력 덕분에 호명학교는 충청남도에서 그 명성이 알려지기 시작했다.

이후 대한협회 홍성지부를 조직하며 애국계몽운동을 하던 그는 1908년 다시 서울로 올라가 기호흥학회에 참여하면서 1909년, 《한성신보漢城新報》의 간부를 지내고, 안창호 등과 함께 서북학회西北學會를 조직한다. 그리고 서북학회의 산하 교육기관인 오성학교五星學校의 교감을 역임하고, 청년학우회를 조직하여 청년들에게 반일민족사상을 주입하는 데 힘썼다.

1910년 8월 29일, '한일합병조약'이 체결되자, 이에 분노한 애국지사 사이에 나라를 되찾기 위해 무력투쟁을 전개해야 한다는 주장이 일기 시작했다. 이때, 노백린 장군 등이 중국 동북부에 가서 군사기지를 만들고 김좌진은 남아 군자금을 모집하기로 한다. 그런데 중국으로 간 노백린이 급히 10만 원이 필요하다는 전갈을 보내자 그는 수중에 있던 돈 3만 원과 자신의 집을 팔아 2만 원을 모았다. 허나 그럼에도 5만 원이 부족하자, 부유하게 살고 있던 먼 친

척 김종근에게 5만 원을 빌려달라고 했지만 거절당한다. 이에 분개한 김좌진은 김종근과 말싸움을 벌이다가 김종근 가족의 경찰 신고로 인해 강도죄란 죄목으로 2년 6개월간 징역살이를 하게 된다.

1913년 9월, 출옥한 김좌진은 무장투쟁의 의지를 꺾지 않고 다시 군자금을 모으는 일에 주력했다. 1915년에는 비밀결사 조직인 대한광복회에 가입하여 활동하였다. 1917년 8월, 광복단은 상하이에서 권총 13자루와 탄알 650여 알을 구입하여 13명의 결사대원을 조직해 일본 부호에게서 군자금을 탈취한다. 이 일이 신문에 대서특필되자, 일본 경찰과 헌병대가 총동원되어 광복단 결사대를 탄압하기 시작했다. 그로 인해 채기중, 김순화, 김세규 등이 잡히고 말았고, 국내에서의 활동은 더 이상 어렵다고 판단한 김좌진은 1917년 11월 경, 중국 동북으로 망명한다.

1918년, 지린에 도착한 김좌진은 대종교大倧敎에 가입하고 여준, 조소앙 등과 대한독립의군부大韓獨立義軍府를 설립하여 그곳에서 군무를 관리하였다. 그해 12월, 여준 등과 함께 무오독립선언서에 민족지도자 39명 중의 한 사람으로 서명하면서 '혈전으로 독립을 이룩한다'는 무장투쟁방침을 천명하였다.

1919년, 서일이 조직한 대한정의단에 가입한 그는 왕청에 군정부의 본거지를 두고, 5분단 70여 개의 지회를 설치한 뒤 독립 운동을 위한 기반을 조성하는 데 이바지한다. 또한, 이를 대한민국

임시정부 휘하의 북로군정서로 개편한 뒤, 그곳의 총사령관으로 1600여 명의 독립군을 훈련시키고, 이어 사관연성소士官練成所를 설치하고 사관훈련과 무기입수에도 힘썼다. 김좌진 휘하의 독립정예군은 어느새 만주 일대에서 가장 막강한 실력의 군대로 성장하였고, 1920년 이후부터 본격적인 항일 전투를 전개하였다.

1920년 6월, 홍범도가 지휘한 봉오동 전투에서 참패를 당한 일본군은 이어 혼춘사건을 조작하고, 이를 구실로 2만여 명의 군대를 보내 연변에서 활약하고 있던 조선족 반일부대를 포위하여 토벌하였다.

이에 분노한 김좌진은 600여 명의 교성대를 앞세워 행군하여 삼도구 송월평에 도착한다. 거기서 일본군 19사단 73연대의 추격을 받게 되는데, 이에 김좌진은 대오를 맞춰 청산리 협곡으로 들어간다. 가파른 산비탈에 교성대를 배치한 그는 일본군이 사격권안으로 들어오자 집중 사격을 하였고, 백운평, 천수평, 마록구 등지에서 세 번의 격전 끝에 일본군 3300여 명을 섬멸하였다. 이것이 바로 봉오동 전투와 함께 독립무장투쟁 사상 최대의 승리로 손꼽는 청산리 전투이다.

청산리에서 대승한 이 전투는《길장일보》,《독립신문獨立新聞》등을 통해 국내외에 알려졌으며, 이로 인해 김좌진의 명성 역시 높아졌다. 그 후 북로군정서는 김좌진의 지휘하에 헤이룽 강 부근으로 전진하고, 국민회군의 안무, 도독부군의 최진동 등과 대한독립군단을 결성하여 일본군의 보복을 피해 러시아령 자유시로 이동했다가 만주로 돌아왔다.

이후 1922년에는 성동사관학교城東士官學校를 꾸려 군사 인재를 양성하는 데 힘썼으며, 1925년 3월에는 신민부를 창설하여 군사부위원장 겸 총사령관으로 활동하였다. 1927년 만주의 신민부, 참의부, 정의부의 3부를 통합하려다 실패하자, 민족유일당 재만책진회在滿策進會를 조직하기도 했다. 또한, 1929년 7월에는 무정부주의동맹과 합작하여 한족총연합회를 결성하는 등 여러 활동을 펼쳤다. 그러던, 1930년 1월 24일 중동철도선 산시역 부근 정미소에서 과거 부하였던 박상실의 총에 맞아 순국하였다. 당시 그의 나이 마흔하나였다.

이길 수 없을 것만 같았던 일본군, 희망이 전혀 보이지 않았던 강점기 시대에 김좌진 장군의 청산리 전투에서의 승리는 조선인에게 큰 희망과 용기를 주었고 독립운동의 동기부여 역할을 하였다.

그는 부유한 집안에서 태어나 안전하고 편안한 삶을 선택할 수 있었지만, 그것을 포기하고 오로지 나라를 위해 살았다. 이러한 애국지사들의 곧은 정신이 있었기에 지금의 우리가 있을 수 있는 것이다. 오직 나라를 위해 무엇에도 포기하지 않고, 무엇에도 맞설 수 있던 그들의 정신을 이어 나가야 할 것이다.

민족의 교육자, 이상설

앞서 말했듯이, 1906년 서전서숙이 설립되면서 근대 민족교육이 시작됐다. 이전까지의 구학 서당 교육에서 벗어나 신식교육의 시대가 온 것이다. 이렇듯 조선족 사회에서 근대 교육의 시발점이 된 서진서숙을 설립한 사람은 앞서 언급했듯이 헤이그 밀사로서 결국 '돌아오지 않는 밀사'가 된 이상설이다. 여기서는 이상설에 대해 자세히 살펴보고자 한다.

이상설은 1870년 충북 진천에서 장남으로 태어났다. 그는 어려서부터 글 읽기를 즐기며 영어와 러시아어, 그리고 법학과 수학에 관심이 많았다고 한다. 일곱 살 때, 당시 동부승지였던 이용우의 양자로 입적한 그는 서울로 올라왔다. 1876년은 바로 일제의 조선 침략의 계기를 마련한 불평등 조약, 즉 강화도 조약을 체결한 해였다.

1894년, 스물다섯의 이상설은 그해 조선의 마지막 과거시험에 급제하면서 벼슬길에 올랐다. 한림학사翰林學士에 이어 세자시독관世子侍讀官이 된 그는 1895년 비서원랑秘書院郎에 등용되기도 했다. 그리고 이듬해인 1896년에는 성균관 교수 겸 관장으로 지내다가 한성사범학교의 교관으로 전임했다. 하지만 신문화 사상을 가지고 있던 그는 보수적인 사상과의 대립으로 곧 교관직에서 사임하였다.

그럼에도 그는 1905년 의정부 참찬으로 발탁되지만, 고종에게 을사늑약을 반대하는 상소문을 올렸다가 이것이 죄가 되어 수감되고 만다. 다음 해 석방된 이상설은 국권 회복을 위해 이동녕, 정순만과 함께 블라디보스토크를 거쳐 노우키에프스크로 망명했다가 그해 8월, 연변 용정으로 향한다.

이상설은 용정에서 당시 가장 큰 집이었던 천주교도 최병익의 집을 자신의 사비로 사들여 학교로 바꾸었다. 이 학교가 바로 서전서숙으로, 그는 이동녕과 정순만에게 학교 운영을 맡기고 학교의 운영 자금은 사비로 해결하였다. 이상설은 서전서숙에서 신학문을 가르치면서도 모든 수업에서 반일애국사상을 주입하는 것을 가장 중요시 여겼다. 그러나 앞서 말했듯이, 이상설이 헤이그로 떠나고 얼마 되지 않아 서전서숙은 개교한 지 채 1년도 안 돼

폐교되었다.

한편, 고종의 밀지를 받고 이준, 이위종과 함께 헤이그 만국평화회의에 참석한 이상설은 일본의 침략 행위를 규탄하고 이를 전 세계에 알리려 했으나, 일본의 계략으로 참석을 거부당하고 말았다. 이때 동행한 이준이 자결을 단행하자, 본국에서는 일본의 압력으로 궐석재판闕席裁判(결석재판, 피고인이 출석하지 않은 상태에서 판결을 내리는 재판)이 진행되었다. 재판 결과, 이상설에게는 사형, 이준과 이위종에게는 종신형이 선고되었다.

이대로 귀국하면 목숨을 잃을 것이 분명한 이상설은 귀국을 단념하고 영국과 미국을 거쳐 다시 블라디보스토크로 이동하여 유인석 등과 함께 성명회聲鳴會를 조직하였다. 그리고 국권 침탈의 부당성을 알리는 성명서를 작성하여 각국에 발송하는 등 세계를 상대로 독립운동을 벌였다. 하지만 이도 오래가지 못하고 일본의 요청을 받은 러시아 관헌에게 붙잡혀 투옥되고 만다.

이듬해 석방된 이상설은 이동녕 등과 함께 권업회勸業會를 조직하고, 《권업신문勸業新聞》, 《해조신문海潮新聞》 등을 발행하여 계몽운동을 전개하였다. 그의 독립을 향한 갈망은 1917년 3월 2일, 연해주 니콜리스크에서 마흔여덟의 나이로 생을 마치면서 끝이 난다. 그는 세상을 떠나기 전, 다음과 같은 유언을 남겼다.

동지들은 합세하여 조국 광복을 기필코 이룩하라. 나는 조국 광복을 이룩하지 못하고 이 세상을 떠나니 어찌 고혼인들 조국에 갈수 있으랴. 내 몸과 유품, 유고는 모두 불태우고 그 재마저 바다에 날린 후에 제사도 지내지 말라.

간도 독립 운동가의 스승, 김약연

용정에서 육도하 기슭을 따라 약 8킬로미터 정도 올라가다 보면 길가에 우뚝 솟은 선바위가 보인다. 이 선바위를 지나 육도하 북쪽에는 성고촌, 중명촌, 명동촌, 장재촌이, 육도하 남쪽에는 소룡동, 대룡동, 풍락동 등의 마을이 자리를 잡고 있다. 역사적으로 이곳을 통틀어 '명동明東'이라 불렀다.

100여 년 전만 해도 이곳은 숲이 우거지고 잡초가 무성한, 사람이 살지 않는 곳이었다. 19세기 말부터 가난에 시달린 조선인이 이곳에 이주하였고 점차 마을을 형성하기 시작했다. 이 명동에 처음으로 서당을 세운 이가 바로 규암 김약연 선생이다.

김약연은 1868년 함경북도 회령에서 태어났다. 그는 1899년 김하규, 문치정, 김정규, 남위언 등과 함께 화룡의 장재촌으로 다 같이 망명했다. 김약연은 수백 평의 황무지를 사들이고 사람들과 힘을 합쳐 조선족 마을인 명동촌을 세웠으며, 교육의 중요성을 알고 1901년 4월 규암재圭巖齋라는 서당을 세웠다. 규암재는 앞에서 언급했듯이 이후 명동학교로 발전하였다.

1919년 국내에서 3·1운동이 일어나자, 12일 후인 1919년 3월 13일 용정에서도 앞서 말했듯 3·13운동이 일어났는데, 이 운동에 많은 명동학교 학생들이 참여했다. 독립선언서를 등사하여 각지에 보내는가 하면, 시위에 참여하여 희생된 학생도 있었다. 희생자 중에는 당시 열여섯 살밖에 되지 않은 중학부 학생 김홍식도 있었다.

이후 1920년 1월 3일 철혈광복단의 군자금 15만 원 탈취 사건이 일어나자, 일제는 명동학교를 이단으로 간주하고 더욱 심한 감시를 하기 시작했다. 그러던 어느 날, 갑자기 명동에 들이닥쳐 수백 명의 사람들을 명동학교 운동장에 몰아넣었다. 독립 운동자를 내놓으라는 일제의 협박에도 그 누구도 동지를 팔아넘기지 않았다. 그에 분개한 일제는 명동학교에 불을 질러 학교를 잿더미로 만들어 버렸다.

한편, 김약연은 1915년 간민교육회墾民敎育會를 조직하여 연변 각지에서 교육 사업을 전개했으며, 1919년에는 블라디보스토크에 가서 여운영, 이동휘 등과 함께 독립운동의 연합 전선을 시도하였으나 뜻한 바를 이루지는 못했다. 그는 또 상해임시정부의 초청으로 상하이로 가는 도중 중국 관헌에게 체포되어 2년간 연금되기도 했지만, 석방 이후에도 계속하여 교육 사업에 매진하였다. 이후 1929년 그는 평양신학교를 졸업하고, 1930년부터 명동교회의 목사로 취임했다. 명동교회는 시인 윤동주가 다닌 교회로도 유명하다. (복원된 윤동주 생가 옆에 명동교회도 복원하였지만, 현재는 운영되지 않고 있다.)

명동학교는 설립된 후부터 18년간 무려 1000여 명의 애국청년들을 양성하였다. 명동학교 졸업생 중 많은 사람들이 항일 투쟁을 하거나 민족교육 사업에 나섰으며, 더러는 문학이나 예술 분야에서 빛나는 업적을 남기기도 했다. 저항시인 윤동주, 영화감독이자 배우인 나운규 등도 이 명동학교 출신이다.

민족교육의 선각자로서 김약연은 한평생 민족의 교육과 독립운동에 몸을 바쳤다. 그는 1942년 10월 29일 용정에 있는 자신의 집에서 일흔넷의 나이로 세상을 떠나며 다음과 같은 유언을 남겼다.

나의 행동이 나의 유언이다.

별을 노래하다, 윤동주

서시(序詩)

윤동주

죽는 날까지 하늘을 우러러

한 점 부끄럼이 없기를,

잎새에 이는 바람에도

나는 괴로워했다

별을 노래하는 마음으로

모든 죽어가는 것을 사랑해야지

그리고 나한테 주어진 길을

걸어가야겠다

오늘밤에도 별이 바람에 스치운다

학창시절 시험을 위해 달달 외우던 시 중 하나인 〈서시〉. 이 시의 주인공은 바로 '저항시인 윤동주'이다.

윤동주는 1917년 12월 30일, 만주 북간도의 명동촌에서 태어났다. 1886년 증조부인 윤재옥이 함경북도 종성에서 북간도로 이민을 왔고, 1900년 조부인 윤하연 때에 명동촌으로 옮겨와 살면서 윤동주는 명동에서 태어나 자라게 되었다.

윤동주가 태어날 당시 명동촌은 외삼촌인 김약연으로 인해 교육과 종교, 독립운동이 다른 지역보다 활발했다. 조부 윤하연이 기독교의 장로직을 맡고 있었기에 윤동주는 어려서부터 자연스럽게 세례를 받으며 기독교인이 되었다.

윤동주는 1925년 4월 외삼촌인 김약연이 설립한 명동소학교에 입학하여 1931년 학교를 졸업할 때까지 그곳에서 조선의 역사와 민족주의 및 독립사상교육을 받는다. 고종사촌인 송몽규와 문익환, 김정우 등과 함께 한 반에서 함께 공부를 하였다. 열두 살때, 윤동주는 당시 서울에서 발행되던 《어린이》, 《아이생활》 등의 아동잡지를 읽고, 연극 활동을 하면서 문학적 재능을 키워 나갔다. 이듬해에는 송몽규의 권유로 친구들과 함께 벽보 형식의 《새명동》이라는 문예지를 간행하여 동요와 동시 등의 작품을 발표하였다.

이후 용정에 있는 은진중학교에 입학한 그는 중학교 시절 반 친구들과 함께 교내 문예지를 발간하여 문예 작품을 발표하는 한편, 축구선수로도 활약했다. 교내 웅변대회에서 '땅 한 방울'이라는 제목으로 1등을 하기도 했다. 당시 은진중학교에서 동양사와 국사를 가르치던 교사 명의조는 학생들에게 독립사상과 민족의식을 깨우치는 데 주력했고, 특히 윤동주에게 있어 큰 영향을 끼쳤다.

윤동주는 1934년부터 〈삶과 죽음〉, 〈초 한 대〉, 〈내일은 없다〉 등의 시를 창작하였으며, 1935년 용정 중앙교회주일학교에서 유년부 학생들을 가르치다가 그해 9월 평양의 숭실중학교에 편입했다. 기숙사 생활을 하면서 창작 활동에 몰두하던 그는 1936년 신사 참배 거부 문제로 숭실중학교가 폐교되자, 용정으로 돌아와 광명중학교 4학년으로 편입하여 졸업한다.

이 무렵 당시 연길에서 발행되던 《카토릭소년》지에 '동주'라는 필명으로 동시 〈병아리〉, 〈비자루〉 등을 발표한다. 이듬해에는 〈오줌싸개지도〉, 〈무얼 먹구사나〉, 〈거짓부리〉 등의 동시도 발표하였다.

윤동주는 광명중학교를 졸업하고, 송몽규와 함께 연희전문학교 문과에 입학하여 기숙사 생활을 시작한다. 한편, 송몽규는 은진중학교 시절 은사였던 명의조의 밀명을 받고 베이징, 상하이 등을 다녀온 경력으로 일본 경찰의 요시찰인으로 지목된 적이 있었다. 이로 인해 윤동주 역시 일본 경찰의 요시찰인 대상이 되어 감시를 받게 되었다.

이후 윤동주는 많은 작품을 쓰며 연희전문학교 문과를 졸업한다. 이 무렵 19편으로 구성된 자선 시집《하늘과 바람과 별과 詩》를 한정판 77부로 출간하려 했으나, 뜻을 이루지 못하고 3부만 만들어 1부는 자신이 갖고 이양하와 정병욱에게 1부씩 증정한다.

당시 일제는 1940년 2월부터 창씨개명을 강요하였는데, 갈수록 심해지는 일제의 탄압과 일본 유학을 위해 그는 '히라누마 도쥬'로 창씨개명을 한다. 창씨개명을 한 윤동주는 1942년 일본 도쿄릿쿄대학 영문과에 입학한다.

여름방학을 맞아 고향을 찾은 윤동주는 동생들에게 "우리말 인쇄물이 앞으로 점차 사라질 것이니 조선말로 된 모든 것과 악보까지도 사서 모아두라"라고 당부한다. 다시 일본으로 돌아간 그는 도시샤대학 영문과로 편입한다. 이 시절 윤동주는 〈쉽게 씌여진 시〉, 〈흰 그림자〉, 〈사랑스런 추억〉 등의 작품을 쓴다.

윤동주는 교토에서 송몽규의 주도로 고희욱 등과 함께 자주 모임을 갖곤 했는데, 1943년 7월 첫 학기를 마치고 귀향길에 오르려던 그는 조선인 유학생들을 모아 조선의 독립과 민족문화의 수호를 선동했다는 죄목으로 일본 경찰에게 체포되어 도쿄 카모가와 경찰서에 구금되고 만다. 이 사건은 '재쿄토 조선인 학생 민족주의 집단사건'으로 알려졌다. 체포되면서 그가 쓴 상당량의 작품과 일기도 함께 몰수당했는데, 일제 취조 형사의 요구로 그는 상당량의 우리말 원고를 일어로 번역하였다.

1944년 2월 기소된 윤동주는 3월 31일 독립운동이란 죄목으로 2년형을 선고받고. 큐슈 후쿠오카 형무소에 수감된다. 고종사촌인 송몽규도 같은 죄목으로 3년형을 선고받아 같은 형무소인 후쿠오카 형무소에 수감되었다.

투옥된 윤동주는 매달 일어로 쓴 엽서 한 장만을 고향 집으로 보낼 수 있었는데, 고향 집에 부탁하여 신약성서를 받아 옥중에서 읽었다고 한다. 그러던 중 1945년, 고향 집으로 매달 오던 엽서가 그해 2월부터 오지 않았고, 엽서 대신 '2월 16일 동주 사망, 시체를 가져가라'는 전보로 윤동주의 사망 소식이 처음 알려졌다.

부친 윤영석과 당숙인 윤영춘이 윤동주의 시신을 인도받기 위해 일본으로 향했다. 일본에 도착한 부친과 당숙은 우선 투옥 중인 송몽규를 면회했는데, 송몽규에게서 매일 이름 모를 주사를 맞는다는 소리를 듣게 된다. 이후 윤동주의 시신을 확인했는데, 부패를 막기 위해 방부제를 사용한 탓인지, 아니면 매일 맞았다는 이름 모를 그 주사 때문인지 윤동주의 시신은 하나도 부패되지 않았다고 한다. 윤동주가 사망한 지 23일 뒤, 송몽규도 옥사하였다. 윤동주의 유해를 고향으로 가져온 가족들은 간도 용정의 동산 마루턱에서 장례를 치르고, 그해 단오 무렵 묘소에 '시인 윤동주지묘'라는 비석을 세웠다.

이후, 1948년 1월 정음사에서는 윤동주 유고 서른한 편을 모아 정지용의 서문과 함께 시집《하늘과 바람과 별과 詩》를 발행하였다.

젊은 나이에 생을 마감한 윤동주는 지금까지도 시작품으로 많은 사람들의 심금을 울리고 있다. 최근 개봉한 이준익 감독의 영화〈동주〉에서도 잘 알 수 있듯이, 그는 자신이 살아가고 있는 식민지 시대의 현실과 문학적 감성의 내면 세계 사이에서 혼란스러워하며 괴로워했음을 잘 알 수 있다. 그의 대표적인 시〈서시〉와〈별 헤는 밤〉을 보면 이런 부분이 잘 드러나 있는데, 시를 통해 그의 괴로움을 조금이나마 헤아려 볼 수 있다.

윤동주라고 하면 '슬픈 시인'이라는 느낌이 드는 것은 아마 이러한 이유에서일 것이다.

별 헤는 밤
윤동주

계절이 지나가는 하늘에는
가을로 가득 차 있습니다.
나는 아무 걱정도 없이
가을 속의 별들을 다 헤일 듯합니다.

가슴 속에 하나 둘 새겨지는 별을

이제 다 못 헤는 것은

쉬이 아침이 오는 까닭이오,

내일 밤이 남은 까닭이오,

아직 나의 청춘이 다하지 않은 까닭입니다.

별 하나에 추억과

별 하나에 사랑과

별 하나에 쓸쓸함과

별 하나에 동경과

별 하나에 시와

별 하나에 어머니, 어머니,

어머님, 나는 별 하나에 아름다운 말 한마디씩 불러봅니다.

소학교 때 책상을 같이 했던 아이들의 이름과, 패, 경, 옥 이런 이국 소녀들의 이름과,

벌써 애기 어머니 된 계집애들의 이름과, 가난한 이웃 사람들의 이름과, 비둘기, 강아지, 토끼, 노새, 노루, 프란시스 짬, 라이나 마리아 릴케 이런 시인의 이름을 불러봅니다.

이네들은 너무나 멀리 있습니다.

별이 아슴히 멀듯이,

어머님,

그리고 당신은 멀리 북간도(北間島)에 계십니다.

나는 무엇인지 그리워

이 많은 별빛이 내린 언덕 위에

내 이름자를 써 보고

흙으로 덮어버렸습니다.

따는 밤을 새워 우는 벌레는

부끄러운 이름을 슬퍼하는 까닭입니다.

그러나 겨울이 지나고 나의 별에도 봄이 오면

무덤 위에 파란 잔디가 피어나듯이

내 이름자 묻힌 언덕 위에도

자랑처럼 풀이 무성할 게외다.

저항의 삶을 살다간 청년 문사, 송몽규

송몽규는 1917년 9월 용정의 명동촌에서 태어났다. 윤동주와는 사촌지간으로 여덟 살이 되던 해, 윤동주, 김정우, 문익환 등과 함께 명동소학교에 입학했다. 그는 어려서부터 총명하여 공부를 잘했으며 매사에 적극적인 성격이었다. 그러한 성격 덕에 학교 친구들 중에서도 주도적인 역할을 했다.

윤동주를 비롯한 친구들은 그의 주도하에 자연스럽게 문학의 길로 들어서게 되었는데, 4학년 때 서울에서 《어린이》 잡지를 구해 와 읽은 것을 계기로, 5학년 때 그의 주도로 《새명동》이라는 잡지가 만들어졌다. 또한, 그는 성탄절이나 학기 말이면 선생님의 지도하에 학생들과 연극 공연을 하기도 했다.

이후 윤동주와 함께 은진중학교에 입학한 그는, 문학에 대한 열정으로 꾸준히 작품을 써냈다. 당시《동아일보東亞日報》신춘문예현상모임에 그가 쓴 〈숟가락〉이 입선하면서 문학인으로서의 자질을 인정받았다. 중학교 3학년 시절에는 스스로 자신의 문호를 '문해'라고 짓기도 했다.

하지만 이후 송몽규는 당시 은진중학교에서 동양사와 국사, 그리고 한문을 가르치던 민족주의자 명희조의 영향으로 독립운동의 길에 들어서기로 결심한다. 은진중학교를 중퇴한 그는 학교를 중퇴하고 1935년 4월, 중국 난징으로 건너가 김구 선생이 광복군의 무관을 양성하기 위해 중국 중앙육군군관학교에 설치한 한인특별반에 2기생으로 입학하여 군사훈련을 받는다.

그는 민족독립운동을 이어 가기 위해 1935년 11월 경, 난징을 떠나 산둥성 지난에 있는 독립운동단체를 찾아간다. 그리고 독립운동에 투신하였다가 1936년 3월, 일본 영사관 경찰에 잡혀 함경북도 웅기 경찰서로 강제 송환되고 만다.

그해 8월까지 그는 치안유지법 위반과 살인 등의 혐의로 온갖 야만적인 고문에 시달리며 갖은 고초를 겪다가 석방되었는데, 이후로도 '요시찰인'이라는 꼬리가 붙어 언제나 일제의 감시망 속에서 살아가야 했다. 석방된 이후 1937년 4월 용정에 위치한 대성중학교 4학년으로 편입하여 졸업한 뒤, 1938년 4월 광명중학교를 졸업한 윤동주와 함께 서울 연희전문학교 문과에 입학한다.

대학 입학 후, 송몽규는 윤동주와 함께 연희전문학교에서 독립

운동정신을 더욱 키워 나갔다. 윤동주 등 학우들과 함께 문우회에서 잡지 《문우》를 펴내고, 문학작품 품평회를 열기도 했다. 당시 송몽규는 문우회 문예부장이었는데, 《문우》에 '꿀벌'이란 필명으로 〈하늘과 더불어〉라는 시를 발표하면서 비운에 얼룩진 지난날을 되새기며 솟구치는 회한의 정과 비장한 결의를 토로했다.

우수한 성적으로 연희전문학교를 졸업한 송몽규는 1942년 일본으로 건너가 교토제국대학 문학부 사학과에 입학한다. 윤동주와 함께 유학을 떠났는데, 윤동주는 도쿄릿쿄대학 문학부 영문과에 입학하였다가, 그해 10월 교토의 도지샤대학으로 옮겼다.

앞서 윤동주에서 언급하였듯이 1943년 7월 14일, '재교토 조선인 학생 민족주의 집단사건'에서 송몽규는 이 사건의 주모자로 체포된다. 그는 1944년 4월 13일, 교토 지방법원에서 치안유지법 위반으로 징역 3년을 선고받고 후쿠오카 형무소에 수감된다. 이듬해 2월 윤동주가 감옥에서 생을 마감한 후, 다음 달 송몽규도 광복을 보지 못한 채 옥사하고 만다.

한 줌의 재가 되어 버린 그는 고향인 용정의 장재촌 북산에 묻혔다가, 1990년 용정의 많은 인사들의 도움으로 윤동주 시인 묘의 서쪽에 이장되었다. 이장된 그의 묘비에는 아직도 '청년 문사 송몽규'라는 비석이 덤덤히 세워져 있다.

우리에게는 많이 알려진 윤동주와는 달리 그와 함께한 송몽규에 대해서 잘 아는 사람은 별로 없다. 다행히 최근 영화 〈동주〉를 통해 청년 문사 송몽규가 재조명되고 있다. 송몽규가 없었다면 지금 우리가 아는 윤동주도 없지 않았을까? 어쩌면 윤동주는 항상 송몽규의 등을 보며 걸어왔던 것인지도 모르겠다.

윤동주의 시와 함께 송몽규의 시가 전하는 것은 단순히 문학적 가치만은 아니다. 당시 독립에 대한 열망과 의지, 결의의 정신이 담긴 역사적 보물도 전하고 있다. 그렇기에 그들의 시를 보면 가슴이 뜨거워지는 것이며, 지금까지도 우리에게 많은 것을 전하고 있는 것은 아닐까.

여기 그가 남긴 시를 다시 한 번 읽어보면서 이 시를 쓸 당시 그의 마음을 헤아려 보도록 하자.

하늘과 더불어
송몽규

하늘−
얽히어 나와 함께 슬픈 쪼각 하늘
그래도 네게서 온 하늘을 알 수 있어 알 수 있어

푸름이 깃들고
태양이 지나고
구름이 흐르고

달이 엿보고
별이 미소하여

너하고만은 너하고만은
아득히 사라진 얘기를 되풀고 싶다

오오, 하늘아—
모든 것이 흘러 흘러갔단다
꿈보다도 허전히 흘러갔단다
괴로운 사념들만 뿌려주고
미련도 없이 고요히 고요히..

이 가슴엔 의욕의 잔재만
쓰디쓴 추억의 反芻(반추)만 남아
그 언덕을
나는 되씹으며 운단다

그러나
련(戀)이 없어 고독스럽지 않아도
고향을 잃어 鄕愁(향수)스럽지 않아도

인제는 오직—
하늘 속에 내 맘을 잠그고 싶고

내 맘속에 하늘을 간직하고 싶어

미풍이 웃는 아침을 기원하련다

그 아침에
너와 더불어 노래 부르기를
가만히 祈願(기원)하련다

조국 통일을 꿈꾼 민주화 운동가, 문익환

배우 문성근의 아버지로도 유명한 문익환 목사는 지금까지도 많은 사람들이 그리워하며, 존경하는 인물 중 한 명이다.

문익환은 1918년 6월, 용정의 명동촌에서 태어났다. 그는 만주 이민 1세대인 아버지 문재린과 어머니 김신묵의 장남으로, 어릴 때부터 준수한 용모로 많은 사람들의 눈길을 끌었다. 그는 북간도에서 어린 시절을 보내며, 그곳에서 명동소학교와 은진중학교를 다녔다. 당시 윤동주와 함께 공부하던 사이였다. 중학교를 졸업한 뒤에는 일본의 동경신학교로 유학을 갔으나 학병 거부로 퇴교되어 만주의 봉천신학교로 전학하여 신학을 전공했다.

광복 후, 그는 월남하여 서울의 한국신학대학에서 신학을 공부하였고, 1947년에 졸업하면서 목사 안수를 받는다. 이후, 미국 프린스턴신학교에 유학하여 공부하던 중, 한국에서 6·25 전쟁이 일어나자 학업을 잠시 중단하고 유엔군의 통역을 맡아 판문점과 일본 도쿄의 유엔군 사령부에서 일했다. 휴전이 되자 다시 미국으로 돌아간 그는 1954년 신학 석사 학위를 받고 귀국한다. 이후 모교인 한국신학대학와 연세대학교에서 구약을 강의하며 교수 생활을 시작한다.

그러다 문인환은 1976년 명동 '3·1 민주구국선언사건'으로 옥고를 치르면서 민주화 투쟁에 나서기 시작한다. 1980년에 내란예비음모죄로 다시 복역하지만 이에 굴하지 않고 출옥 후 그는 더욱 본격적인 민주화 투쟁에 나선다. 1984년에는 민주통일국민회의 의장으로, 1985년부터 1988년까지는 민주통일민중운동연합 의장, 1989년에는 전국민족민주운동연합 상임고문으로 활동했다.

그가 이토록 민주화 운동에 앞장서게 된 이유로는 1976년 3월 1일 윤보선, 김대중 등과 함께 명동성당에서 '3·1 민주구국선언'을 발표하고 구속되면서부터였다. 그는 친구였던 장준하의 유지를 계승하겠다며 민주화 운동에 뛰어들었다. 그러자 정부 측에서는 그를 '정치 목사'라며 비난했지만, 재야인사들은 그를 응원하였다. 그는 수감되는 일이 잦았는데, 옥중에서도 밝고 유쾌하게 지내는 모습에 '감옥 체질'이라는 별명이 붙기도 했다.

문익환은 민주화 운동에 뛰어들 당시만 하더라도 그저 많은 재야인사 중 한 명에 불과했지만, 갈수록 그의 비중이 커지면서 어느덧 재야인사들의 대표적인 인물로 각인되기 시작했다. 물론 그가 민주화 운동가로서 의도적으로 사람을 끌어모으고, 자신을 부각하려 한 것은 아니었다. 그의 타고난 품성이 자연스레 사람들을 끌어모았고, 그로 인해 사람들에게 널리 알려질 수 있었던 것이다.

그는 손자뻘인 청소년과도 잘 어울릴 정도로 품성이 활기찼다. 세월이 흘러 대통령이 박정희에서 전두환으로 바뀌었을 때에도 그는 변함없이 청년들과 함께 뛰어다니며 투옥되기 일쑤였다. 정권이 바뀌는 동안, 1978년 유신헌법비판성명서 발표, 1980년 YWCA 위장결혼식 사건, 1986년 인천 5·3 사건과 서울대학교 연설 사건 등, 그는 여러 민주화 운동을 이어 갔다.

1987년, 노태우가 대통령 자리에 오르자 그는 남북통일을 위한 북방 정책에 힘쓰기 시작했는데, 특히 1989년 3월 25일, 일흔이라는 고령에도 불구하고 평양을 방문하여 두 차례에 걸쳐 김일성을 면담하고 북한의 조국평화통일위원회와 공동성명을 발표하기도 했다. 이 사건은 반세기 가까이 얼어붙어 있던 남북 관계에 새로운 국면을 열게 해주는 사건이기도 했다. 하지만 그는 방북한 것이 죄가 되어 징역 7년을 선고받았다. 그는 옥중에서 의학 공부를 하며 《민중의학》이라는 책을 쓰기도 했다.

옥중에서도 그는 끊임없이 평양 방문의 정당성을 주장하며 법정 투쟁을 벌였다. 이후 병고로 가석방되자, 광주를 비롯하여 여러 곳을 돌며 방북에 관한 다양한 강의를 했다. 또한, 1993년 사면된 후 1994년 사망하기 전까지 통일 운동에 매진하였다. 1992년에는 노벨평화상 후보로도 올랐다. 그리고 그해 제3회 4월 혁명상을 수상하기도 했다.

비록 그는 자신이 바라던 조국 통일을 보지 못하고 떠났지만, 그가 염원하며 뿌려 둔 그의 정신은 아직도 살아 있다. 우리는 그가 기여한 민주화를 이어 나가야 할 의무와 그가 그토록 바라던 통일을 완수해야 할 책임을 가지고 있으니 말이다.

그는 왜 그토록 민주화를 외쳤으며, 지금 민주화를 이루었는지 스스로에게 질문을 던져 보아야 할 때이다.

조국 독립이라는 믿음으로, 정재면

독립 운동가인 정재면은 평안남도 숙천 출신으로 본명은 정병태이다. 1898년 순안측량학교를 졸업한 그는 1902년 상동교회의 전덕기 목사를 만나 애국사상, 민족의식, 개화사상의 영향을 받게 된다. 이러한 영향 덕에 정재면은 일찍부터 민족운동을 시작했는데, 그 시작은 서울 상동교회 부설 중등교육기관인 기독청년학원을 다닐 때부터였다.

1905년 11월 을사늑약이 체결되자, 그는 학교 동기들과 함께 을사늑약 무효화 투쟁에 앞장섰다. 또한, 1907년 4월 안창호, 신채호, 이동휘 등이 중심이 되어 신민회가 창설되자 그는 여기에 가입하여 본격적인 활동을 하기 시작했다. 상동청년학원을 졸업한 그는 스물셋에 신민회의 파견으로 함경남도 원산보광학교의 교사로 재직하며 신민회의 교육 구국 운동에 참여하였다.

한편, 그가 원산보광학교의 교사로 있을 때 신민회의 중앙간부이자 함경도 총감인 이동휘와 총서기 이동녕이 찾아와 북간도 용정에 가서 이상설이 운영하던 서전서숙의 교육 사업을 계승할 것을 권고하였다. 그는 이를 수락하고 북간도 민족교육을 위해 조직한 '북간도 교육단'의 실무 책임자가 되어 용정으로 파견되었다.

하지만 1908년, 그가 용정을 찾았을 때에는 이상설이 설립한 서전서숙은 이미 운영이 불가능한 상태였다. 서전서숙이 폐교되자 당시 명동서숙이 명동학교로 이름을 바꾸고 학생들을 받고 있었는데, 정재면은 그곳에서 교무주임을 맡게 되었다. 독실한 기독교인이었던 그는 교장 김약연을 기독교에 입교시킨다. 그 후 김약연을 설득하여 명동학교에 성경과 예배를 정규 과목으로 설치하고, 명동학교를 기독교와 민족의식을 연결한 근대 교육기관으로 성장시킨다.

1910년에는 중학교 과정을 설치하고, 황의돈과 장지영, 박태환 등을 교사로 초빙하였으며, 1911년에는 이의순, 우봉운 등을 교사로 초빙하였다. 이후 여학부를 설치하면서 북간도에서는 처음으로 근대적 여성 교육기관이 되었다. 점점 학교의 명성이 알려지자, 이후 북간도뿐 아니라, 연해주와 국내에서도 학생들이 모여들기 시작했다.

정재면은 명동촌을 기반으로 배상희 전도사와 함께 1911년부터 1914년까지 간도 각지에 70여 개의 학교와 교회를 설립하였는데, 덕분에 명동촌은 기독교 민족운동의 근원지이자, 이후 민족반일 운동의 중심지가 되었다.

1910년 3월에는 간민교육회에서 총무직을 맡았다. 간민교육회는 문맹 퇴치와 사숙 개량, 식산흥업 운동 등을 벌이며 신문화 보급에 앞장섰으며, 1912년에는 간민회墾民會로 이름을 바꾸고 민족자치로 간도를 항일민족운동의 기지로 만들고자 했다. 간민회는 북간도 조선인 사회를 대표하는 자치기관으로 성장하며 열두 부의 부서를 두었는데, 연길, 혼춘, 왕청, 화룡 등 간도 4현은 물론 안도, 무송, 장백에까지 활동 영역을 넓혀 나갔다.

1914년, 간민회는 왕청현에 군관학교를 설립할 계획을 세우는데, 이 일을 추진하던 정재면은 일본 영사관 경찰에 체포되어 서울로 압송된다. 하지만 중국의 혁명가인 우루전吳祿貞은 당시 중국 국적을 갖고 있던 그를 중국의 법으로 처벌해야 한다는 원칙을 앞세워 그의 사면을 돕는다.

이후 1919년 2월, 연해주에서 열린 전로한족회중앙총회全露韓族會中央總會에 김약연, 이중집과 함께 북간도 대표로 파견되었다. 그해 9월에는 임시정부 내무부 북간도 특파원으로 활동하였다. 다음 해에는 상하이에서 열린 중한노공동맹연합회中韓勞工同盟聯合會에 기독교계 대표로 참석하기도 하였다.

1923년 이후에는 북간도 조선인의 권익을 위한 활동에 전념하였고, 특히 종교 활동이 두드러졌다. 1925년에는 난징 진링대학(이후 난징대학에 합병되었다) 신학부에서, 1927년에는 평양신학교에서 신학을 연구하였다. 1928년부터 1930년까지는 용정 은진중학교에서 기독교 민족교육을 가르치는 데 매진하였다. 그러다 함경북도 청진과 원산 등지에서 민족운동을 하다 붙잡혀 수감된 뒤, 1945년 광복을 맞아 석방되었다. 이후 서울에서 독립촉성 기독교중앙협회, 기독공보서 등에서 언론 활동을 하였으며, 기독공보사장으로 취임하여 6·25 전쟁이 일어날 때까지 재임하였다.

1949년부터 1950년까지 당시 흥사단이 경영하던 한국일보사의 이사장직을 역임한 후, 언론계를 떠나 경기도 양주시 송추 인근의 중앙교회에서 목회자의 삶을 살다가 1962년 일흔여덟의 나이에 세상을 떠났다. 1963년 대통령 표창을, 1991년 건국훈장 애국장을 받았다.

독립 운동가이자 전도사였던 정재면은 많은 독립운동 인사들에게 영향을 끼친 인물이다. 그의 영향으로 많은 인사들이 본격적이고 전면적으로 민족운동에 나섰고, 그들이 쌓아 나간 독립으로의 발걸음이 있었기에 우리는 지금을 살고 있는 것이다.

숨조차 쉬기 힘들었던 그 시기에도 많은 사람들의 작지만 위대한 움직임이 있었다. 그 움직임 뒤에 정재면이 있었음을 잊지 말아야 한다. 지금 연변 땅에는 그가 만들어 낸 위대한 업적이 살아 숨 쉬고 있다. 우리가 계승하고 잊지 말아야 할 정신 말이다.

진정한 언론인, 장덕준

용정의 장암촌 터전에는 '장암참살사건유적지'라는 기념비가 세워져 있다.

기념비에 새겨진 장암참살사건은 장암촌에서 일어난 참살 사건을 말한다. 당시 봉오동에서 홍범도 장군에게 크게 패한 일본군은 그 보복으로 그해 10월 2만여 명의 정규 부대를 끌고 내려와 연변의 조선족을 무자비하게 학살하였다. 장암촌 참살 사건은 이때 일어난 참살 사건 중 하나이다. 이 사건을 포함하여 일제가 무자비하게 민간인을 학살한 사건을 다른 이름으로 '경신년대토벌'이라고 하는데, 《길장일보》의 1920년 11월 9일자 신문에서는 경신년대토벌에 대해 이렇게 말했다.

최근 3주 이내에 연변 일대에서 살해된 조선인은 2000명에 달한다.

일제는 장암촌에서만 서른세 명의 무고한 조선족을 살해했다. 예배당에 몰아넣어 불을 지르고 뛰쳐나오는 사람들은 총으로 쏴 죽였다. 그러고는 마을의 모든 집에 불을 질러 폐허로 만들었다. 일제는 장암촌뿐 아니라, 왕청, 혼춘 일대와 연길, 의란구, 팔도구 등 연변 각지에서 이러한 만행을 저질렀다.

일제의 이러한 비인간적인 만행은 국내외 많은 사람들을 분노하게 만들었다. 당시 《동아일보》 기자였던 장덕준 역시 경신년대 토벌 사건을 취재하며 일제에 대한 분노가 극에 달했는데, 그는 이 사건을 계기로 온 세상에 일제의 만행을 알리기로 결심한다.

1891년 황해도 재령에서 태어난 장덕준은 1914년 《평양일일신문平壤日日新聞》의 한국문판 주간으로 1년 정도를 지내고 난 뒤, 3년 뒤인 1917년에는 일본으로 건너가 YMCA 부간사로 활동하였다. 또한, 그는 조선에서 일본으로 넘어와 열악한 상황에서도 열심히 공부하는 유학생들을 도와주기도 했다.

이후 1920년, 김성수와 이상협 등과 《동아일보》를 창간하였고, 장덕준은 거기서 논설위원, 통신부장, 조사부장 등을 겸임하며 활약한다. 앉아서 글을 쓰는 것보다 특파원으로서 활동하는 것을 선호했던 그는, 베이징 등에서 취재 활동을 이어 갔다.

그러다 경신년대토벌 소식을 접한 그는 지체 없이 용정으로 향했다. 하지만 그가 두만강을 건너려 할 당시 중국과 조선의 국경이 막힌 상태였기 때문에, 도강증이 없이는 두만강을 건널 수 없었다. 그는 하릴없이 당시 함경북도 도지사로 있었던 동창생 나카노를 찾아가 도움을 요청하였고, 1920년 11월 말이 되서야 용정에 도착하게 된다.

용정에 도착하자마자 그는 바로 간도일본총영사관으로 향했다. 일본 총영사에게 경신년대토벌 사건을 캐물었지만 아무런 답변도 들을 수 없었다. 그러나 그는 물러서지 않았다. 총영사관에서 나와 이번에는 일본군토벌대사령부로 향했다. 거기서도 조선족 학살 사건에 대해 물었지만, 그곳의 사령관도 그런 일은 없었다고 잡아뗐다.

결국 장덕준은 장암촌에 가서 직접 사진을 찍고, 증거물을 수집했다. 그는 수집한 증거물을 외국인 선교사인 박걸[바커(A. H. Barker)] 목사에게 맡긴 뒤, 당시 은진중학교의 교장으로 있던 부두일을 찾아갔다.

그는 부두일에게 우리 민족이 이리 참담한 일을 겪었는데도 그저 방관하고만 있느냐고 화를 냈다. 그러고는 이 사실을 외부에 알려야 한다고 부두일을 다그쳤다. 부두일은 일본군이 사건이 일어난 마을에 들어가는 것을 허락하지 않는다며 난감해했다. 이에 장덕준은 잠시 생각에 잠기더니 이내 이렇게 말했다.

그럼 기록 증거문서를 저에게 건네주시겠습니까? 제가 직접, 영국 영사관에 가져가 이것을 보여 주고 이 일을 알리도록 하겠습니다.

부두일은 그의 제안을 받아들이고, 일주일 뒤에 조선으로 출발할 때 비밀리에 전해주겠다고 답했다.

한편, 장덕준이 눈엣가시였던 일제는 그가 취재를 하려 할 때마다 이런저런 핑계를 갖다 대며 시비를 걸었다. 일본군 사령부의 종군기자 허가증이 없으면 스파이로 간주하겠다며 협박도 서슴지 않았다. 그러나 장덕준은 이에 굴하지 않았다.

기자에게는 취재의 자유가 있다. 또한 모든 군사와 관계된 기사는 이미 총독부와 일본군 사령부에서 사전 검열을 받고 있소. 내가 취재한다 하고 당신네들 작전 회의에 참석하는 것도 아닌데 뭘 근거로 날 스파이라 말하는가! 아니 이참에 차라리 작전사령부에서 종군 허가증을 하나 내주는 건 어떻겠소?

그의 대답에 일본군은 그저 분노를 삭이며 돌아갈 뿐이었다.

며칠 후, 용정 주재 《동아일보》와 《조선일보朝鮮日報》 지국에서 장덕준의 환영 파티를 열었다. 간만에 지인들과 즐거운 시간을 보내고 있던 장덕준에게 그가 머물고 있던 삼성여관에서 그에게 전갈을 보냈다. 전갈의 내용을 확인하고는 장덕준은 고민에 빠진다. 전갈의 내용은 내일 새벽 일본군이 와룡동으로 토벌하러 갈 예정이니 종군 의향이 있다면 국자가로 가서 새벽에 이동하는 토벌대에 합류하라는 것이었다. 합류할 의사가 있다면 일본군 헌병대에서 마차를 보낼 테니 타고 오라는 말도 덧붙여 있었다.

장덕준은 갑작스러운 전갈에 의심하였지만, 종국으로 취재할 수 있다는 생각에 결국 토벌대에 합류하기로 결심한다. 불길한 예감에 지인들이 그를 만류했지만, 그는 오로지 일제의 야만적 행위를 폭로해야 한다는 일념뿐이었다. 그는 떠날 준비를 하기 위해 연회장에서 삼성여관으로 향했다.

숙소로 돌아간 그는 준비를 마치고, 사람들의 배웅의 받으며 대기하고 있던 일본군 마차에 일본 헌병 두 명과 함께 올라탔다. 사람들은 멀어져 가는 마차를 보며 그저 별일이 없기만을 바랄 뿐이었다. 허나 안타깝게도 그것이 장덕준의 마지막 모습이었다.

그가 떠나고 《동아일보》 김용찬 용정 지국장은 국자가 지국장인 손정룡에게 전화를 걸어 그가 출발했음을 알렸다. 그날 밤 자정 무렵, 다급한 전화벨이 울렸다. 손정룡은 전화로 아직 장덕준이 도착하지 않았음을 전했다. 화들짝 놀란 김용찬 지국장은 여기저기 수소문해 가며 장덕준의 소식을 알아내려 했지만, 이튿날 아침까지도 마차는 도착하지 않았으며 결국 그의 생사는 오리무중이 되어 버렸다. 김용찬 지국장은 직접 일본군 사령부에 찾아가

물었지만, 사령부에서는 아는 것이 없다며 모르쇠로 일관하였다.

그 후, 장덕준은 어디에서도 모습을 드러내지 않았다. 누군가는 일본 헌병대가 그를 데리고 가던 도중 살해하여 해란강에 던졌다고 하기도 하고, 누군가는 모아산 산기슭에 몰래 매장했을 것이라 말했다. 아직까지도 장덕준의 생사는 밝혀지지 않았으나, 그날 일본 헌병대에 의해 살해되었다는 의심은 지울 수 없다.

장덕준은 이렇게 실종되어 영영 생사 여부를 알 수 없게 되었지만, 이 사건을 계기로 《동아일보》의 박영효 초대 사장과 전체 직원들은 장덕준의 뜻을 받들어 더욱 민중계몽운동과 일제의 만행을 규탄하는 데 힘썼다.

1963년, 건국훈장 독립장에 추서된 장덕준은 한번 옳다고 생각하면 행동으로 옮기는 실천파 청년 지사이자, 식민 통치 아래 순직한 최초의 조선 언론인으로 평가받고 있다. 그는 홀연히 우리 곁을 떠났지만, 그의 정신은 아직까지도 온전히 남아 언론인으로서의 자세를 알려주고 있다. 언론이 눈을 감은 만큼 세상은 부패해지고, 언론이 외면하는 순간 탄압받는 곳이 발생한다는 것을.

그 어떤 외압에도 진실을 알리기 위해 몸 바친 장덕준의 기개를 지금 우리 언론인들이 가슴 깊이 새겼으면 한다. 우리가 세상을 바로 보고 판단할 수 있게, 그리고 바르게 행동할 수 있게 말이다.

연변의 선구자, 주덕해

주덕해는 1911년 3월 5일 러시아 연해주에서 태어났다. 본명은 오기섭으로 부친인 오세우는 본래 조선에서 살다가 연해주로 이주한 사람이었다. 당시 1870~1880년대에 함경북도와 평안북도의 조선인이 연해주로 이주하는 경우가 잦았다. 1902년 연해주 관청에 등록된 조선 이주민만 해도 3만2000명이 넘었다고 한다.

여덟 살이 되던 해, 아버지가 토비들에게 살해되자 그의 모친은 가족을 데리고 자신의 고향인 회령으로 돌아온다. 허나 고향에서도 살길이 막막해지자, 그녀는 가족을 데리고 두만강을 건너 화룡현 수동촌(용정시 지신향 승지촌)에 정착한다. 주덕해는 어린 시절 매일 끼니를 걱정할 만큼 집안이 매우 가난했다고 한다.

청년이 된 주덕해는 헤이룽장성의 닝안寧安, 둥징청東京城, 린커

우林口, 미산密山 등 북만 일대에서 항일 투쟁에 투신하였고, 1931년 5월 중국공산당에 가입한다. 1930년 초, 주덕해는 결혼을 4일 앞두고, 김광진 등의 반일지사들과 함께 무장투쟁에 매진하기 위해 용정을 떠나 북만으로 향한다. 이를 시작으로 1930년부터 1936년 동안 그는 헤이룽장성 닝안, 미산, 보리勃利 일대를 누비며 일본 관동군에 맞서 싸웠다.

그가 오기섭에서 주덕해로 개명한 데에는 다음과 같은 사연이 전해진다. 1942년 겨울쯤 일본군에 포로로 붙잡힌 주덕해가 죽을 위기에 처하자, 한 부녀자가 그를 자신의 남편이라고 속이고 구해 주었다고 한다. 주덕해는 고마운 마음에 그 여인의 성인 '주'를 따서 이름을 주덕해로 바꿔 불렀다는 것이다.

물론, 당시에는 신분 노출을 우려해 항일 투쟁을 할 때에 수시로 이름을 바꾸기도 했다. 주덕해 역시 강도일, 김도훈, 오동원, 오영일 등 다양한 가명을 써왔다. 그럼에도 그해 이후로는 더 이상 이름을 바꾸지 않은 채 줄곧 주덕해라는 이름으로 활동하였다.

1937년 모스크바동방노동자공산대학에 입학하여 1938년에 졸업한 주덕해는 1939년부터 1945년까지 산시성 옌안延安에 머물며 중국 혁명의 주류와 활약하면서 폭넓은 인맥을 구축해 나간다. 1939년 팔로군 제359여단에서 정치를 시작하였으며, 1943년에는

옌안 조선족혁명군정학교에서 총무처장 등을 맡았다. 또한, 1945
년에는 하얼빈에서 조선의용군 제3지대 정치위원으로 활약했고,
1946년에는 상즈尙志현에 광복 후 최초로 조선족 중학교를 세우기
도 했다. 이후, 1948년에 《민주일보民主日報》를 창간하고, 1949년에
는 연변대학을 세우는 등 활발한 활동을 펼쳤다.

한편, 1949년 9월 21일부터 30일까지 열린 중국인민정치협상
제1차 회의에 조선족 대표로 참가한 주덕해는 중국에 거주하는 조

▌ 주덕해 동상

선인을 중국 공민으로 인정해야 한다고 주장했다. 그는 중국에 이주한 조선인이 중국 대륙의 땅을 개척하는 데 큰 공헌을 했으며, 그들이 흘린 피와 땀은 결코 적지 않다고 강조했다. 이어 그는 중국에 거주하는 조선인을 '조선족'이라 칭하며, 중국의 다른 소수민족과 동등한 권리를 행할 수 있어야 한다고도 주장했다.

주덕해는 연변 땅에 몰려 사는 조선인이 중국에서 평등한 대우를 받으며 경제적으로 번영해야 한다고 여겼다. 그리고 우리의 고유한 민족문화를 계승·발전시켜 우리 민족이 힘겹게 개척한 이 땅에서 조선족의 위치를 견고하게 다져야 한다고 확신했다.

주덕해를 비롯하여 많은 연변 조선족의 힘을 합한 결과 마침내 1952년, 연변조선민족자치구 제1기 각계 인민대표회의에서 '연변조선민족자치구 인민정부'를 성립하고, '자치구인민정부조직조례'와 '민족 단결에 관한 결의'를 통과하였다. 여기서 주덕해는 제1기 연변조선민족자치구 주석으로 당선되었다. 그리고 항일 투쟁 승리 기념일인 9월 3일을 '연변조선민족자치구 성립 기념일'로 정하였다. 바로 이것이 오늘날 연변조선족자치주의 초석이 되었다.

연변조선족자치구의 초대 주석이 된 주덕해는 "문화가 없는 민족은 우매한 민족이다. 민족문화를 발전시키는 관건은 교육에 있다"라는 말과 함께 조선족의 교육과 문화 발전에 역점을 두었다. 그의 이러한 신념은 앞서 최초의 조선족 중학교와 연변대학을 세운 것에서 파악할 수 있다.

또한, 그는 농업이 국가 경제의 기반이 될 것이라 보고 농업 전문 인력 양성에 심혈을 기울였다. 이를 위해 연길에 연변새벽대학을 세우기도 했다. 농업과 관련하여 그의 업적 중 하나는 사과와 배를 접목한 '사과배'이다. 사과배는 지금까지도 널리 알려져 있는 연변의 대표 명물 중 하나다.

주덕해는 조선족의 문화, 예술 발전에도 주목하여, 연변가무단의 부단장 조득현과 의기 투합하여 1957년 10월 문화·예술인 양성 학교인 연변예술학교를 세운다. 연변예술학교는 성악, 무용, 작곡, 미술 등의 여러 학부를 갖춘 종합예술학교로 1980년대에 길림성 예술학원의 연변 분원으로 지정되면서 전문대학으로 승격되었다.

그러나 이 같은 노력에도 불구하고, 1966년 12월 문화대혁명이 일어나면서 주덕해는 중국 정부로부터 박해를 받게 된다. 그는 '지방민족주의 분자'로 낙인찍히며 갖은 수모와 탄압을 당한다. 1969년 후베이성 중부의 장한평원江漢平原에 있는 53농장에 가게 된 그는 그곳에서 기계 수리공으로 일한다. 고된 노동에 그는 폐암을 얻고 말지만, 제대로 된 치료는 받지 못했다.

1972년, 병환에 시달리던 주덕해는 저우언라이周恩來 당시 중국 공산당 총리에게 서신을 보내 자신의 누명을 벗겨 줄 것을 탄원한다. 이에 저우언라이는 답장과 함께 약을 보내주지만, 이미 병세가 깊었던 그는 "나는 길림에 돌아가겠습니다"라는 유언을 남기고 1972년 7월 3일, 예순하나의 나이로 세상을 떠난다.

그가 세상을 떠나고 문화대혁명이 끝나자, 1978년 6월 연변에서는 주덕해의 공적을 재평가하고 그를 연길시민공원에 안치하였다.

한국 사람에게는 주덕해란 이름이 낯설다. 하지만 연변, 그리고 조선족에 있어 주덕해란 이름은 지금의 연변과 조선족을 있게 해준 고마운 이름이 아닐 수 없다. 그의 삶은 오직 조선족을 위한 삶이었으며, 오직 타국에서 살아나갈 후손을 위한 시간이었다. 그러나 그가 어떤 마음으로 연변을 자치주로 만들었으며, 자치주를 발전시키려 한 것인지를 지금의 조선족들은 많이 잊고 살아가는 것 같다. 마치 지금 한국인 대부분이 독립 운동가를 잊고 지내듯이 말이다.

우리에게는 이들을 기억하고 그들의 의지를 이어 가야 할 의무가 있다. 지금도 우리는 그들이 지켜 준 땅에서 살아가고 있으니 말이다. 지금 우리에게 주어진 것들 중 당연한 것은 하나도 없다. 그 무엇도 누군가가 희생하고, 누군가가 피와 눈물을 흘려 만들어진 것임을 기억하자.

아리랑의 한을 담아, 나운규

　김한민 감독의 〈명량〉, 윤제균 감독의 〈국제시장〉, 류승완 감독의 〈베테랑〉.

　이 영화들은 천만 관객을 동원한 한국의 대표적인 영화들이다. 천만이 넘는 관객들이 이 영화를 찾고 찬사를 보내는 것에는 분명 공감이라는 것이 작용해서일 것이다. 영화의 내용에 공감하여 함께 슬퍼하고, 함께 웃고, 함께 즐거워했기에 사랑하고 인정하고 찬사를 보내는 것이다.

　그리고 이 공감대를 끌어내기 위해서는 여러 가지 요소가 작용해야 하는데, 그중에 하나가 바로 '시대적' 요소이다. 함께 살아간다는 것은 같은 시대를 살아간다는 동일성이 포함된 것이다. 때문에 '시대'는 공감대를 이끌어 낼 수 있는 가장 기본적인 요소이자 핵심적인 요소이다. 〈명량〉, 〈국제시장〉, 〈베테랑〉 등의 천만 관객 영화는 잘 들여다보면 모두 시대적인 흐름에 있어 그런 요소가 분명 담겨져 있다.

100여 년 전, 일제 강점기에도 시대적 배경으로 수많은 사람들의 공감을 이끌어 낸, 그리하여 당시 사회에 선풍적인 파장을 일으킨 작품이 있었다. 바로 나운규의 〈아리랑〉이다.

나운규가 직접 감독하고 주연한 작품 〈아리랑〉은 1926년에 발표되었다. 흑백무성영화인 〈아리랑〉은 아직까지 한국 영화사에서 빼놓을 수 없는 명작으로 평가되고 있다. 당시 〈아리랑〉은 영화의 작품성을 뛰어넘어 사회적으로 큰 반향을 일으켰다.

〈아리랑〉은 첫 개봉 이후, 당시로는 상상을 초월할 정도로 크게 흥행을 했는데, 전국 구석구석 상영되지 않는 곳이 없을 정도였다. 평양에서는 관객이 너무 많아 극장의 들보가 부러질 정도였다고 한다. 또한, 〈아리랑〉 상영이 끝날 때마다 극장 안의 모든 관객이 눈물을 흘리며 영화 주제가인 아리랑을 합창했다고 하니, 상상만 해도 전율이 흐를 정도다.

이렇게까지 〈아리랑〉이 큰 사랑을 받은 이유는 일제 강점기 당시의 조선인의 환경과 항일의식을 고취시키는 작품의 내용이 동시대를 살아가는 많은 사람들의 억눌려 있던 감정을 건드렸기 때문이라 여겨진다. 손대면 터질 듯이 눌려 있던 감정들이 영화를 통해 분출된 것일지라.

한편, 〈아리랑〉을 일제가 가만히 둘 리 만무했다. 당연히 일제는 이를 탄압하고 통제하려 들었다. 하지만 이미 너무 많은 사람들이 〈아리랑〉을 관람하였고, 상영하는 곳이 전국적으로 퍼져 있었기 때문에 통제할 수 있는 선을 넘어 버린 상태였다.

예술의 파급력을 우리는 잘 알고 있지만, 식민지였던 상황에서도 이렇게 퍼져 나가고 큰 파장을 일으킨 〈아리랑〉을 보면서 다시한 번 예술의 힘을 실감하게 된다.

그렇다면 이쯤에서 〈아리랑〉을 연출하고 직접 주연까지 한 나운규에 대해서도 알아보자. 그의 작품처럼 그도 국민적인 사랑을받고, 부귀영화를 누렸을까?

그의 고향은 함경북도 회령이다. 그는 어려서부터 엄격한 아버지의 봉건적인 교육 방식에 따라 학문을 쌓았다. 하지만 그는 아버지의 교육 방식에 불만을 갖고 있었는데, 결국 신흥고등소학교에진학하였으나 졸업하기 전 집을 나와 버린다. 집을 나온 그는 명동중학교에 입학하는데, 이후 학교가 폐교되자 북간도와 만주 일대를 떠돌며 생활하게 된다.

이 무렵 그는 점차 항일운동에 대한 열망을 키워 나간다. 북간도와 만주 일대에서 직접 일제의 만행을 지켜보고 애국심이 점차강해진 것이다. 이후 그는 3·1 운동에도 참여하고, 만주에서는 독립군 단체에서 활약하는 등 적극적인 항일 투쟁에 나섰다. 또한, 1920년에는 북간도에 살고 있는 조선인들이 만든 대한국민회(간도 국민회)에 가입하기도 하였다.

그는 일제 수비 부대의 교통을 차단하기 위해 회령-청진 간 철로를 폭파하는 임무를 맡았지만 실패하고 만다. 비록 실패로 돌아갔지만, 그는 이 일로 일제 경찰에 체포되어 1년 반 동안 함흥 교도소에서 옥살이를 한다. 하지만 전화위복이라 했던가? 나운규는 오히려 이 감옥 생활에서 정신적인 성장을 하며 〈아리랑〉을 구상하게 된다.

형기를 마치고 출옥한 그는 서울연희전문학교 문과에 입학한다. 허나 사상범이라는 이유로 2학년 때 퇴학을 당하고 마는데, 오히려 이것이 계기가 되어 그때부터 '조선키네마'라는 곳에서 단역배우로 활동하게 된다. 단역배우로 활동하던 나운규는 이듬해 윤백남이 세운 '백남 프로덕션'으로 거취를 옮기고, 그곳에서 〈심청전〉의 심봉사로 열연하여 배우로 자리를 잡아 나갔다. 연이어 이규설 감독의 〈농중조〉(새장 속의 새)에서 조연으로 등장해 최고의 연기를 펼치면서 연기파 배우 반열에 오르게 된다.

이렇게 충분한 연기 경력과 연출에 대한 감각을 쌓은 나운규는 1926년, 드디어 자신이 옥중에서 구상했던 야심작 〈아리랑〉을 첫 영화로 연출·제작한다. 〈아리랑〉에서 나운규는 직접 각본을 쓰고 연출과 주연까지 맡으면서 1인 3역을 완벽하게 소화해 낸다.

앞서 말한 대로 〈아리랑〉이 전국적으로 큰 인기를 얻자, 이에 나운규는 윤봉춘과 함께 '나운규 프로덕션'을 설립한다. 그리고 〈옥녀〉, 〈사나이〉, 〈사랑을 찾아서〉 등 여러 편의 영화를 연이어 제작하고, 1929년에는 최초의 문예 영화인 〈벙어리 삼룡〉을 제작하여 또 한 번 한국 영화사에 한 획을 그었다.

허나 불행히도 영원할 것만 같은 영광은 오래가지 못했는데, 〈아리랑〉 이후 흥행에 실패하면서 영화사는 경영난에 시달리기 시작했다. 결국 경영난을 극복하지 못하고 영화사는 해체되고 말았다. 자금난에 시달리던 나운규는 일본 '도야마 프로덕션'의 작품에 출연했는데, 이 때문에 대중의 비난을 받기도 하였다.

연이은 실패로 침체기를 맞이한 나운규는 불굴의 의지로 〈아리랑〉 3편을 제작하여 다시 한 번 재기의 발판을 마련한다. 〈아리랑〉 3편은 발성 영화로 제작되었는데, 그전까지 무성 영화가 대부분이었던 한국 영화에 배우가 직접 대사를 하며 연기하는 유성 영화의 서막을 열었다는 평가를 받았다.

이후 나운규는 이태준의 소설 《오몽녀五夢女》를 영화화하여 큰 성공을 거두고, 드디어 오랫동안 허덕이던 생활고에서 벗어나게 된다. 또한, 이 작품은 흥행과 예술성, 두 마리 토끼를 잡았다는 평을 받기도 했다.

하지만 이러한 영광도 잠시, 오랫동안 이어져 온 생활고와 영화 촬영에서의 과로 등이 겹치면서 나운규는 지병인 폐결핵이 악화되어 서른여섯이라는 젊디젊은 나이에 세상을 떠나고 말았다.

　나운규는 15여 년 동안 총 29편의 작품을 남기고, 그중 26편의 영화에 출연하면서 한국 영화의 성장에 크게 기여하였다. 그가 직접 각본·감독·주연을 맡은 영화도 15편이나 되었는데, 이를 보면 그가 누구보다 영화를 사랑했고, 영화에 대한 애착이 남달랐다는 것을 잘 알 수 있다.

　그에 대한 평가는 지금도 다양하다. 하지만 그가 보여 준 투철한 민족정신과 당대 최고의 연출가이자 배우였던 사실은 분명하다. 그리고 그가 한국 영화의 선구자이자 역사였던 것 또한 부정할 수 없는 사실이다. 경제적·시대적인 불리한 환경 조건 속에서도 작품성과 흥행, 모두를 잡은 작품을 창작하고, 일제 강점기에서 한국 영화의 맥을 잇게 해준 진정한 영화인이라는 점에는 누구도 반박할 수 없을 테니 말이다. 앞으로도 그의 작품과 연기는 오래도록 많은 사람들에게 회자되고 사랑받을 것이다.

불운의 여류 작가, 강경애

　여성의 차별이 심했던 조선 시대에도 뛰어난 여류 작가가 있었다. 바로 허난설헌이다. 그녀의 작품은 쓸쓸하고 감성적인 느낌을 많이 주는데, 이는 평생을 차별과 외로움에서 살아온 그녀의 비애가 작품에 녹아들어 그런 것이라는 의견이 많다.

　시대를 대표하는 여류 작가를 뽑자면 조선 시대에는 허난설헌이, 그리고 근대에는 강경애를 꼽을 수 있다. 강경애는 어려운 가정 환경과 일제 강점기라는 시대적 환경 속에서도 자신의 사상과 애환을 작품에 잘 녹여 낸 여류 작가로 인정받고 있다. 그녀의 수많은 작품 중에서도 장편 소설인 《인간문제》는 당시 사회 문제와 인권 문제를 제기했다는 점에서 최고의 작품 중 하나로 인정받고 있다.

강경애는 열악한 환경에서 태어나 자랐다. 황해도 송화에서 가난한 농부의 딸로 태어난 그녀는 고작 다섯 살 때 아버지를 여의고 만다. 아버지가 돌아가시고 생계를 위해 그녀의 어머니는 재혼을 하게 되는데, 강경애와 그녀의 어머니는 재혼 상대의 전처와 자식들로부터 갖은 구박을 받으며 하루하루를 견뎌야 했다.

당시만 하더라도 여자에게 교육은 불필요하다는 인식이 아직 강하게 남아 있었기 때문에, 강경애는 열 살이 넘어서야 겨우 소학교에 입학할 수 있었다. 이후, 형부의 도움을 받아 평양의 숭의여학교에 입학하게 되는데, 그곳에서 그녀는 본격적으로 친목독서회 등에 참가하며 문학적 소양을 갈고닦았다.

그러던 중, 학생들과 동맹 휴학에 참여했다는 이유로 퇴학 처분을 받은 그녀는 이를 계기로 문학 강연회에서 만난 양주동과 함께 서울로 향한다. 그녀는 서울에서 동덕여학교 3학년에 편입하여 학업을 이어 간다.

다음 해, 그녀는 양주동이 주관하던 《금성》지에 그녀의 아명이었던 '가마'라는 필명으로 〈책 한 권〉이라는 짧은 시를 발표한다. 그리고 그해 9월 귀향하여 흥풍야학교를 세워 학생들을 가르치는 일에 열중한다. 동시에 야학 운동에 참가하고, 신간회 등의 사회 운동에도 적극적으로 나섰다.

그녀에게 있어 1931년은 뜻 깊은 해였을 것이다. 그녀가 처음 문단에 정식으로 등단한 것도 1931년 《조선일보》의 부인문예란을 통해 발표한《파금破琴》이란 작품이었고, 용정을 방문한 해도 1931년이었기 때문이다. 그녀는 용정 여행 이후, 용정을 배경으로 한 단편소설《그 여자》를 발표하기도 했다.

또한, 장하일과 결혼을 한 것도 1931년이다. 그녀는 장하일과 결혼하고 간도로 이주하였는데, 이후 안수길, 박영준 등과 함께 동인지《북향北鄕》에서 활동하였다. 창작에 매진한 결과 장편 소설 《어머니와 딸》, 단편 소설《부자》,《채전菜田》,《지하촌》등을 연달아 발표하였다. 특히 그녀의 대표작이라 일컫는 장편 소설《소금》과《인간문제》도 이 무렵에 발표되었다.

특히, 그녀의 대표작인《인간문제》는《동아일보》에서 약 4개월간 120회로 연재됐는데, 이후 평양과 서울에서 단행본으로 출간되어 사랑받았다. 또한 중국과 러시아에서도 번역되어 출간되기도 하였다.

《인간문제》는 당시의 사회 문제를 이야기하면서 시대의 작가 정신을 투철하게 발휘한 작품이라 할 수 있다. 소설의 일부분만 보아도 이런 부분을 잘 알 수 있다.

이 시커먼 뭉치! 이 뭉치는 점점 크게 확대되어가지고 그의 앞을 캄캄하게 하였다. 아니, 인간이 걸어가는 앞길에 가로질리는 이 뭉치… 시커먼 뭉치, 이 뭉치야말로 인간 문제가 아니고 무엇일까? 이 인간 문제! 무엇보다도 이 문제를 해결하지 않으면 안 될 것이다. 인간은 이 문제를 위하여 몇 천만 년을 두고 싸워왔다. 그러나 아직 이

문제는 풀리지 않고 있지 않은가! 그러면 앞으로 이 당면한 큰 문제를 풀어나갈 인간이 누굴까?

사실 그녀의 작품은 출간되자마자 대박이 났다거나 많은 사랑을 받았다기보다는 사람들의 이목을 끄는 수준에 불과했다. 1980년대에 들어서서야 그녀의 작품이 재조명되기 시작했고, 일제 강점기라는 시대 상황에도 불구하고 투철한 작가 정신을 발휘한 작품으로 인정받기 시작했다.

그녀는 1943년, 건강 악화로 세상을 떠났다. 그녀는 건강이 급속도로 나빠지기 전까지 《조선일보》의 간도 지국장을 맡았다. 체력이 될 때까지 문인으로서의 삶을 살다 간 것이었다. 그녀는 그렇게 평생 동안 장편 소설 2편과 중편 소설 1편, 단편 소설 20편, 평론과 수필 27편, 시 8편 등 총 58편의 작품을 남겼다.

강경애는 근대를 대표하는 여류 작가로서 식민지의 적나라한 현실을 고발하고, 여성의 목소리를 대변한 문인이었다. 식민지라는 시대 상황과 여자라는 이유로 차별하는 사회 구조 속에서도 수십 편의 작품을 내놓은 그녀의 열정 덕분에 당시 비슷한 환경에 처해 있던 수많은 여성들은 위로받을 수 있었다.

모두가 힘들고 어려웠던 그 시기, 그녀의 작품은 오랜 가뭄에 단비처럼 고맙고 소중했을 것이다. 어쩌면 그녀의 작품이 수많은 사람들에게 위로가 되었다는 것만으로도 그녀는 충분히 일제 강점기를 대표하는 최고의 작가라 불러도 손색이 없지 않을까? 영웅은 난세에 태어나는 것처럼 말이다.

4장

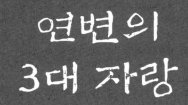

연변의
3대 자랑

민족의 학교, 연변대학

연변의 3대 자랑 중 하나인 연변대학은 조선족의 뜨거운 학구
열과 교육 사상을 엿볼 수 있는 대표적인 학교이다.

주덕해의 "문화가 없는 민족은 우매한 민족이다. 민족문화를 발
전시키는 관건은 교육에 있다"는 신념으로 1949년 설립된 연변대
학은 중국 소수민족 지역에 최초로 설립된 대학교 중 하나이다. 연
변대학은 설립 초기에 중국 국무원國務院의 고등교육부에 예속되었
으나, 1957년에 지린성으로 귀속되었다.

연변대학은 설립될 때부터 중국 내에서도 깊은 관심과 배려를
받았는데, 저우언라이, 주더朱德, 둥비우董必武, 후야오방胡耀邦, 장
쩌민江澤民, 자칭린賈慶林, 장더장張德江 등 중국공산당 지도부와 지도
자들은 연변대학을 찾아 교내를 시찰하고 제사를 써주는 등, 학교

에 각별한 애착을 보이기도 했다.

연길시에 자리한 연변대학은 세계에서 유일하게 한국어와 중국어를 함께 사용하는 대학교이다. 1958년 8월 연변대학의 의학부와 공학부가 연변의학원, 연변농학원, 연변공학원으로 나눠졌으며, 이후 중국 국가교육위원회의 인준을 거쳐 연변의학원, 연변농학원, 연변사범고등전문학교, 그리고 지린성 예술학원 연변 분원과 중외합작교육기구인 연변과학기술대학 등이 합병되었다.

연변대학은 중국 정부의 211프로젝트의 중점 건설 대학교이자, 서부 지역 개발 중점 건설 대학교이다. (211프로젝트는 중국 국가가 중점적으로 키우는 100여 개의 대학교를 뜻한다.) 또한, 지린성 정부와 중국 국가교육부가 공동으로 중점 지원하는 대학교이기도 하다.

연변대학에는 군사학을 제외한 12개의 학과가 있으며, 현재 21개 학원, 74개 학과가 있다. 그중 1급 학과 박사 학위 수여점 6개 (2급 학과 박사 학위 수여점 50여 개를 포함), 1급 학과 석사 학위 수여점 24개 (2급 학과 석사 학위 수여점 149개를 포함), 전업 석사 학위 수여점 11개, 박사후 과학연구유동소 4개, 국가급 중점 학과 1개, 성급 우세, 특색 중점 건설학과 12개가 있다.

최근 몇 년간 연변대학은 '인재 양성 품질 프로젝트'를 전면적으로 실시하고 있다. 다문화 교육 자원과 민족 특색, 지역 특색 등의 장점을 적극 개발해 특색 전문 학과 개설을 대대적으로 추진하였다. 7개 전문 학과가 국가급 특색 전문 학과 또는 성급 브랜드 전문 학과에 포함되었다. 그리고 1개 교수 단체가 국가급 교수 단체로, 15개 교수 단체가 성급 교수 단체로 선정되었으며, 3개 과목이 국가급 브랜드 과목으로, 2개 과목이 국가급 브랜드 자원 공유 과목으로, 25개 과목이 성급 브랜드 과목으로 선정되었다. 꾸준한 대학 혁신 결과, 3회에 걸쳐 국가급 교수 성과상 4개를 따내고, 국가급 대학생 교외 실천 교육 기지 1개, 국가급 인재 양성 모델 혁신 실험구 1개 등을 건설하는 등 놀라운 성과를 거두었다. 또한, 국가급 우수 인재 교육 양성 계획 프로젝트 3개를 따냈다. 2002년과 2008년도에는 중국 국가교육부에서 실시한 본과교수 업무 수준 평가에서 모두 우수 평가를 받았다.

연변대학은 교육 수준이 높고 학풍이 엄격하며 다양한 연령의 교수진을 갖고 있다. 재임 교수 2300여 명 가운데 전임교수가 1300여 명이며, 전임교수 가운데 박사학위 소지자가 600여 명으로 40퍼센트가 넘는 비율을 차지하고 있다. 또한, 양진녕 박사를 포함한 300여 명의 국내외 유명 전문가들을 명예교수, 겸직교수, 객원교수로 초빙하기도 하였다.

설립 이후 꾸준히 다문화 융합 및 다문화 교육을 강조한 연변대학은 다문화 자질을 갖춘 민족 인재를 양성하는 것에 초점을 맞춰 왔다. 현재 연변대학은 중국 스물아홉 개의 성, 시, 자치구에서 학생을 모집하고 있으며, 현재 전일제 재학생 수는 2만 3000여 명에 달한다. 그중에는 석사, 박사 연구생이 3500여 명이며, 학부

생이 1만 8000여 명, 전문대학생이 700여 명, 전 세계 34개국에서 온 유학생이 600여 명이다. 연변대학 특유의 다문화를 엿볼 수 있는 대목이다.

연변대학은 인재 양성을 목표로 인재를 발굴하는 일에 적극적이다. 학점제를 전면적으로 실시하고 학생들의 자주 선택권과 자율 학습권을 중시한다. 또한, 여러 학교, 기관, 단체 등과 연계하여 학생들이 해외 학습 경력과 사회 실천 경력을 갖출 수 있도록 특색 있는 학사, 석사, 박사 양성 체계를 형성하였다. 국제화 전략을 통해 20여 개 나라와 2개 지역(홍콩, 타이완)의 390여 개 대학교, 과학 연구 기구, 국제 학술 조직 등과 협력 교류 관계를 맺었다. 또한, 국제 학술 포럼인 장백산 포럼과 두만강 포럼 등을 꾸준히 개최하고 있다.

한편, 유럽과 미국의 대학교들과 협력 교류를 추진하고 있는데, 미국의 피츠버그대학, 러시아의 극동대학, 일본의 메이지대학, 한국의 서울대학교뿐만 아니라, 북한의 김일성종합대학 등 세계 여러 명문대와 교류를 활발히 진행하고 있다. 한국 충북대학교에는 공자학원도 설립하였다. 이런 시스템에서 졸업한 연변대학 학생들은 사회 각계의 다양한 분야에서 인정을 받고 있다.

건교 이후 연변대학은 다문화 자질과 능력을 갖춘 10만여 명의 고급 전문 인재를 양성하여 지역 경제의 진흥과 나라의 사회 발전 그리고 인류 문명의 진보를 위해 큰 기여를 해왔다. 또한, 연변대학은 최근 3년 동안 중국 국가 973 전기 중대 특정 프로젝트, 중국 과학기술부 중대 특정 프로젝트, 중국 농업부 중대 특정 프로젝트, 중국 국가 자연 과학 기금 프로젝트와 사회 과학 기금 프로젝트 등 여러 건의 프로젝트를 맡았다.

그중 '항구제역 유전자 변이 돼지 새 품종 육성' 프로젝트팀은 2012년 6월에 중국 최초로 적색 형광 유전자 변이 오지산소형 돼지를 복제하는 데 성공하여 해당 분야를 수준을 한 단계 높였다는 평가를 받았다. 또한, '연변소 육용 새 품종' 프로젝트팀은 중국 농업부의 인정을 받은 중국 첫 소고기 품종인 '연황소'를 개발해 내는 데 성공했다.

이 밖에도 6200여 편 이상의 학술 논문을 발표하였는데, 그 가운데 국제 3대 과학 기술 문헌SCI, EI, ISTP에서 검색할 수 있는 논문은 1700여 편에 달한다. 성급 이상의 과학 연구상이 240여 개, 특허 또한 50여 개에 달한다.

미래를 지향하는 연변대학은 민족문화를 계승하고 지역 경제, 사회 발전 추진에 함께 노력하고 있다. 인류를 행복하게 하는 것이 학교의 소임이라 여기며, '진리, 융합, 선행'을 받들어 '간고하게 창업하고 미래를 개척하며 문화를 계승하고 특색을 부각하며 민족이 단결하고 공동으로 가르치고 배우며 넓게 교류하고 다변적으로 협력한다'라는 학교의 전통을 계속해서 이어 오고 있다.

연변대학을 보면 연변의 뜨거운 교육 열정과 밝은 미래가 보인다. 연변대학은 뛰어난 민족성과 뜨거운 교육열을 대변하는 만큼 조선족의 자랑이자 자부심이 아닐 수 없다. 오늘도 학교에는 밤새 공부하는 학생들로 불이 꺼지지 않고 있다.

조선 민족 무용의 맥을 잇다, 연변가무단

조선 민족 무용은 연변의 조선족을 대변하는 전통 예술이다. 연변에는 현재까지도 연변가무단을 통해 중국 국내뿐만 아니라 전 세계를 돌아다니며 조선 민족 무용을 널리 알리고 있다.

조선 민족 무용의 역사는 오래전으로 거슬러 올라간다. 1949년 10월 1일, 중화인민공화국의 건국과 더불어 연변에서는 동북인민해방군 의용군 3지대 선전대를 전신으로 연변문공단이 창립되었다. 이를 계기로 조선 민족 무용이 이어질 수 있었던 것이다. 곧이어 연변조선족자치주가 성립되면서 연변 각 현과 시에는 전문 문예단체인 문공단이 창단되었다. 또한, 군중 문예를 지도하는 문화관이 설립되었다. 이때부터 조선족의 민간 무용은 더욱 활발하게 진행될 수 있었다. 그 후, 1953년 연변가무단의 창단, 1957년 연변예술학교의 창립으로 조선족 무용은 한층 체계적으로 발전해 갔다.

조선 민족 무용에 대해 말을 하자면 '조득현'이라는 인물을 빼놓을 수가 없다. 그는 조선 민족 무용의 개척자이자, 중국 무용사에서 중요한 위치를 차지하는 사람 중 하나다. 그는 중국에 발레를 정착시킨 세 명의 무용가 중 한 사람으로 중국에서 본격적으로 민간 무용을 창작 무용으로 발전시킨 개척자로 평가받는다.

연변가무단장으로 있었던 조득현은 1951년부터 예술인 하태일을 가무단에 초빙하여 단원들에게 농악놀이를 가르치게 하였다. 이를 바탕으로 〈농악무〉(1951)를 창작하였다. 그리고 전통무용 '활춤'을 바탕으로 2인무 〈활춤〉(1952)과 무용 소품과 현실적인 소재를 활용한 단막 무용극 〈영원한 평화와 행복을 위하여〉(1951)를 창작했다. 또한, 1950년대 중반에는 무용극 〈팔선녀〉(1957)를 창작하여 무용극 형식이 조선 민족 무용 창작 분야에 뿌리 내리게 했다.

조득현에 이어 조선 민족 무용의 새 지평을 연 이가 있으니 바로 '최승희'이다.

1951년 3월, 베이징 중앙연극학원에서 최승희는 최승희 무용연구반을 설립하고, 중국 제1대 조선 민족 무용가를 양성하기 시작되었다. 이때 최승희가 가르쳤던 '입춤 기본'은 1957년 이후 본격적으로 시작된 조선족의 전문 무용 교육 훈련 체계의 주류를 형성하였다.

여기에는 조선 민족 무용 교육의 개척자로 볼 수 있는 '박용원'의 역할 역시 컸는데, 박용원은 1940년대 말, 북한의 최승희 무용연구소에서 최승희로부터 직접 춤을 배웠고, 1951년에는 중국 중앙연극학원의 최승희 무용연구반에서 공부했던 최승희의 수제자이다. 박용원은 1952년에 최승희를 따라 북한으로 건너가서 최승희 무용연구소의 연구원으로 지내다가 1953년에 연변으로 돌아왔다. 그리고 1957년 연변예술학교가 설립되면서부터 정년퇴직 때까지 연변예술대학 무용학과에서 무용 교육에 이바지했다. 박용원은 최승희의 기본 동작 체계를 계승하여 이를 기본 동작 묶음 계통과 연기 동작 묶음 계통 등 여러 계통으로 발전시켰다. 또한 〈도라지〉 등 무용 교습을 위한 춤 종목들을 개척하였다.

특히 이 시기에는 최승희 무용연구반 출신 무용가들에 의해 무용 창작 분야가 비약적으로 발전하였다. 대표적인 무용가들로는 동방가무단의 이인순, 연변가무단의 안무가 최옥주, 베이징무용대학의 김영규를 들 수 있다. 이들의 작품으로는 〈물동이 춤〉(이인숙 안무), 〈쌀 함박춤〉과 〈왕가물과 싸우는 처녀들〉(최옥주 안무), 무용극 〈금도끼와 은도끼〉(김영규 안무) 등으로 주로 농경 생활과 관련된 소박한 창작 무용들이었다. 이외에도 〈장고춤〉(이인순 안무), 〈갓춤〉(양광호 안무), 〈향발춤〉(이옥순 안무)과 같은 전통 민간 무용을 재창조한 작품도 있었다.

1966년 초반까지만 해도 연변의 조선 민족 무용은 '사회주의를 위하고 인민을 위하여 복무한다', '여러 사람이 서로 말하며 백 가지 꽃을 활짝 피운다'는 중국의 문예 방침에 따라 활발히 전개되었다. 그러나 1966년 중반부터 시작된 중국의 문화대혁명으로 민족 무용은 수난을 받게 되는데, 이에 따라 문화대혁명 기간 동안 조선 민족 무용의 발전은 침체되고 말았다. 이 당시 연변의 조선족 무용가들은 문화대혁명이 종결되던 1976년까지 약 10년 동안 민간 무용은 '낡은 것'이라 해서 연기할 수 없었으며, 단지 중국공산당을 위한 선전적이거나 계급투쟁적인 내용을 담은 무용만 무대에 올릴 수 있었다.

문화대혁명이 종결된 1977년 이후 연변 조선족은 지역 특색을 살리면서도 전통 무용에 뿌리를 둔 무용 작품을 창조해 갔다. 또한, 한편으로는 고전과 외래의 우수한 예술 유산을 받아들이기도 했다.

이후 1978년 중국 정부의 개혁개방 시책에 따라 문예 정책이 새롭게 시달되면서 조선 민족 무용은 부흥기를 맞는다. 무용 교육 분야에서는 1970년대 말기에 최승희의 '입춤 기본'을 근거로 교육 내용이 더욱 풍부해지고 독자적인 무용 훈련 체계를 이루기 시작했다. 1980년대 초에는 북한의 무용 훈련, 창작 무용들이 대폭 도입되면서 교육 분야와 창작 분야에서 새로운 변화를 가져왔다. 특히, 창작 분야에서는 고갈되었던 전통적인 민속무용 형식들을 발굴하고 재창조하는 작업이 성황을 이루었다.

개혁개방 정책이 성공적으로 정착되어 가던 1980년대 중반, 연변 조선족 무용가들은 북한 이외의 외국 문화에 관심을 갖게 되는데, 이때부터 한국의 전통 무용들이 유입되기 시작했다. 그러면서 무용 창작에서 많은 변화가 일어났는데, 한국의 창작 무용처럼 창작 작품에 점차 복합성을 띠게 되었다.

1980년대에 들어와 민속무용 집성 사업의 결실을 보게 된다. 민간 무용 집성 사업은 1960년대에 시작했다가 중단되었고, 이후 1980년대 초에 재개된 사업이다. 이 사업에서 많은 수의 민속무용이 새롭게 발굴되었고, 중국에서의 조선족 민속무용 발전에 상당한 영향을 끼쳤다. 여기에는 민속무용 수집가 '김정훈'의 공로가 지대하였다.

1990년대 이후 무용 창작 분야에서는 내용과 형식의 관계를 모색하고, 창작의 제재를 확대하는 등 안무 방법에서 많은 발전이 있었다. 이 시기의 안무가들은 작품 창작에 발레나 조선 민족 특유의 동작들을 활용하면서 동시에 현대 무용 훈련 방법과 양식을 사용하여 새로운 형태의 창작 무용을 전개하였다. 이 시기의 창작 무용 선구자로는 최옥주와 이승숙, 송미라를 들 수 있다.

이들은 한민족의 사상과 기질을 독특한 풍격으로 창작한 〈춘향전〉(최옥주 안무)과 〈장백의 정〉(이승숙 안무)과 같은 대형 무극으로 연변 조선족의 무용을 중국에 알리는 데 큰 역할을 했다. 또한, 문화적

시각으로 인간과 사회를 관조하고 이것을 무용으로 형상화한 작품도 등장했는데, 〈심현〉(송미라 안무)이 그 대표적인 경우이다. '20세기 중국 무용 경전 작품'에 선정된 〈이즈러진 봄〉을 창작한 손용규, 남성 군무 〈웨침〉을 창작한 한룡길 등 남성 무용가들이 무용 안무에서 두각을 나타내기 시작한 것도 이 시기부터이다.

2000년 이후 한국과의 문화 교류가 더욱 빈번해지면서 연변의 조선 민족 무용에서 한류 현상이 나타나기 시작했다. 연변 조선족 무용가들은 이전보다 자유로운 분위기 속에서 다양한 형태의 한국 춤을 접하거나 한국 무용가들과의 다각적인 교류를 통해 한국 춤에 대한 이해의 폭을 넓혀 나갔다.

연변가무단은 탄생한 그날부터 지금까지 민족 민간 예술의 토지에서 그 뿌리를 발굴하고 전승하며, 조선 민족 무용의 중요한 역할을 하고 있다. 뿐만 아니라, 끊임없이 민족 특색을 갖춘 우수한 가무 프로그램을 내놓고 있다. 그리고 독특한 민족 풍격과 우아하고 고상한 예술의 소리를 국내외에 뽐내고 있으며, 100여 부 작품 가운데 적지 않게 국가급 상을 받기도 했다.

21세기에서 들어선 이후에도 연변가무단은 여전히 새로운 역사를 써 내려 가고 있다. 2001년, 제2회 중국 전국 소수민족 문예회연에서 대형 가무 〈춤추는 장백산〉으로 연기 금상, 창작 금상, 무미 금상과 조직상, 그 외 18개의 상을 받으며, 회연에 참가한 팀 중에서 가장 많은 상을 받기도 했다.

조선 민족 무용은 단순한 가무가 아닌 연변 조선족들의 삶의 애환을 대변하는 역할을 하고 있다. 타국에서 살아오면서 겪어야 했던 비애와 비통함을 대변해 주며, 조선족이라는 정체성을 지켜 주는 예술 작품인 것이다. 연변가무단은 선봉장에 서서 지금까지 굳건히 그 역할을 해주고 있다.

조선 민족 무용과 연변가무단은 단순히 멋진 가무를 갖춘 실력 좋은 가무단이 아니다. 조선족의 정체성을 잃지 않으려 애쓰는 노력의 열매이자, 조선이라는 뿌리를 잊지 않으려 새겨 넣는 역사의 기록이다. 연변가무단의 대표적인 공연인 〈아리랑〉을 듣고 있으면 백 마디의 말보다 하나의 몸짓으로 이러한 생각을 절실히 느낄 수 있었다. 지금도 무대 위 울고 웃었던 그들의 모습이 보이는 듯하다.

백두산 호랑이의 기백, 연변축구팀

연변에는 조선족의 기백을 잘 보여 주는 단체가 하나 있다. 그 단체는 바로 연변의 3대 자랑 중 하나인 연변 백두산 호랑이, 연변축구팀이다.

축구는 연변에서 100년의 역사를 가지고 있으며, 특히 연변은 중국에서 가장 먼저 축구를 시작한 지역 중 하나이다. 오랜 역사 때문에 연변에서 축구는 이미 연변 사람들의 생활 속에 깊이 스며들어 있다. 그 저력 또한 막강하다. 연변축구팀은 용맹한 성품, 강경한 발놀림, 뛰어난 팀플레이, 전면 공격, 전면 수비라는 독특한 전술로 유명하며 중국 축구계의 전통 강호이다.

연변축구팀의 시작은 길림축구단이었다. 1955년 8월 1일에 창단된 길림축구단은 1965년 박만복 감독의 지휘하에 중국 갑급연맹전에서 우승을 차지했다. 또한, 1993년의 제7차 전국운동대회에서 지린성을 대표해 출전한 이호은 감독의 길림축구단은 그 대회에서 5위를 차지했다.

이후 한국 삼성전자의 후원을 받아 1994년 팀명을 '길림 삼성'으로 바꾸고 중국 직업팀 축구 리그에 참여하였다. 1995년에는 한국 현대자동차의 후원을 받아 '연변 현대'로 팀명을 변경하였다. 1997년에는 팀 이름을 연변 오동으로 바꾸고, 대한민국 축구 국가대표팀 감독을 지냈던 최은택 감독을 영입하였다. 1999년에 중국 갑A리그(당시 1부 리그, 2004년에 슈퍼리그로 개명)에 참가하여, 그해 중국 FA컵에서 4강 진출에 성공하였으나 결승 진출에는 실패하였다. 2000년 당시 2부 리그인 갑B리그로 강등되었고, 팀의 재정 악화로 인해 갑B리그 자격을 잃고, 1팀 선수들이 항저우 그린타운에 팔렸다.

이제는 고인이 된 최은택 감독은 한국에서도 존경받는 인물이지만 한국보다 중국에서 더 큰 사랑과 존경을 받고 있다. 그가 중국에서 이렇게 존경받는 이유는 당시 하위권에서 맴돌던 연변축구팀을 중국 프로리그 4위에 올려놓았기 때문이다. 연변축구팀은 당시 1, 2, 3위를 차지했던 다롄, 상하이, 베이징 축구팀보다 더 인정받았다. 최은택 감독은 중국 축구계에서 최초로 성공을 거둔 외국인 감독이었고, 그로 인해 중국의 다른 프로팀에서도 한국인 감독을 인정하기 시작했다. 이후 김정남, 차범근, 박종환, 이장수 등의 한국인 감독이 중국에 진출할 수 있었던 것도 모두 최은택 감독 덕분이었다.

한편, 최은택 감독이 인정받은 것에는 성적도 성적이지만 화끈한 경기 플레이도 있었다. 연변축구팀의 경기는 언제나 화끈했고, 그 어떤 강팀과 맞붙어도 주눅 들지 않고 공격 축구를 구사했다. 이는 당시 선 수비, 후 반격 전술이 유행하던 중국 축구계를 강타했다고 해도 과언이 아니다. 당시의 한 언론에서는 '연변축구팀의 경기는 보는 이들의 피를 들끓게 하는 부작용이 있다'고 묘사하기도 했다.

또한, 중국 프로팀의 한 중국인 감독은 인터뷰에서 이렇게 감탄했다고 한다.

연변축구팀과 경기를 하면 마치 미친개랑 싸움하는 것 같다. 그들은 끊임없이 뛰어다니고 그림자처럼 붙어 다닌다. 전혀 당해 낼 방법이 없다. 우리는 뛰다가 지쳐 피를 토할 지경인데, 그들은 여전히 생기가 넘치니 어떻게 같이 놀 수 있겠는가?

최은택 감독은 훌륭한 인품으로도 많은 사람들의 사랑을 받았다.

축구선수가 되기 전에 인간이 되라.

이 말은 최은택 감독이 선수들에게 자주 하던 말이었다. 연변축구팀의 선수들에게 최은택 감독은 단순한 감독이 아니라 아버지였고 인생의 스승이었다. 연변축구팀 사람들은 그를 감독이 아닌 학장님, 교수님이라 부르며 따랐다. 연변축구팀의 이런 가족 같은 분위기는 다른 팀 선수들에게는 부러움의 대상이었다고 한다.

한편, 연변축구팀은 2001년 2팀 선수들로 팀원을 재구성하여 북한에서 고된 비공개 훈련을 마치고, 당시 3부 리그인 을급리그에서 새 출발을 하여 4년간 3부 리그에서 활동했다.

2004년 고훈 감독이 팀에 복귀하면서 18전 17승 1무로 북부리그에서 17연승으로 우승하고, 플레이오프에서 2위를 차지하며 다시 갑급리그로 승격되었다. 같은 해 중국 축구 리그는 갑A리그는 슈퍼리그로, 갑B리그는 갑급리그로 이름이 바뀌었다.

연변축구팀은 2011년에 팀명을 연변 백두산 호랑이로 바꾸고 2012년 말 최은택 감독의 제자인 조긍연을 감독으로 영입하였다. 2014년에는 팀명을 연변 백두산으로 다시 변경하였다. 그러나 리

그 초반부터 부진이 이어졌고, 결국 최종 리그에서 꼴찌인 16위를 차지해, 그해 을급리그로 강등되었다.

그러던 2015년, 한국에서 박태하 감독을 영입한 연변축구팀은 갑급리그에 결원이 발생하면서 갑작스레 갑급리그에 참가한다. 그리고 그 리그에서 30전 17승 10무 3패로 우승하며 중국 슈퍼리그로 승격되었다. 갑급리그의 우승을 결정짓는 마지막 경기에서는 감동적인 장면이 연출되기도 했다. 당시 연변축구팀은 후난 시앙타오 팀을 이기면 다른 팀 경기 결과와는 상관없이 우승할 수 있는 상태였다. 연변축구팀은 수많은 관중의 뜨거운 응원을 받으며 그 경기에서 이겨 우승을 확정 지었고, 하태균은 리그 최다 골, 최우수 선수에 뽑혔다.

경기는 승리로 마무리되었지만 연변 팬들은 100퍼센트 기뻐할 수 없었다. 경기 전부터 굳은 표정을 하고 있던 박태하 감독 때문이었는데, 승리가 확정됐지만 박태하 감독은 굳은 표정을 풀지 않았다. 사실 박태하 감독은 그 경기를 끝으로 거취가 결정되는 입장이었다. 그는 경기 후 기자회견에서 이렇게 말했다.

제 거취에 대해 말씀드리겠습니다. 사실 시즌 중에 많은 팀에서 이적 제의가 있었습니다. 그래서 고민도 많았습니다. 하지만 결정은 이미 내렸습니다. 결정은 이미 했지만 시즌 중이라 아직 말씀을 못 드렸습니다. 저는 이곳에서 너무나 많은 사랑을 받았습니다. 그래서 연변을 떠나지 않겠습니다. 아니, 떠날 수 없습니다.

박태하 감독의 말이 끝나기 무섭게 박수갈채가 쏟아져 나왔다. 기자회견장에 있던 한 기자는 눈물을 흘리기도 했다.

이후 1부 리그에 승격한 연변축구팀은 윤빛가람과 김승대 선수를 영입하였다. 박태하 감독의 연변축구팀은 현재까지도 슈퍼리그에서 3연승을 거두는 등 준수한 성적을 보여 주고 있다.

연변축구팀은 연변 지역의 축구팀이라는 단순한 지역 팀의 의미가 아닌, 더 큰 의미를 가진다. 연변축구팀은 조선족과 한국 선수들이 주를 이루는 소수민족 팀으로서 어려운 환경에서도 화합을 통해 민족의 자부심이 되어 주고 있다. (실제로 연변축구팀 전체 선수 연봉을 합쳐도 다른 팀 외국인 용병 선수 한 명의 연봉에도 미치지 못한다.)

지금도 연변축구팀의 홈경기가 있는 날이면, 경기장은 응원단으로 교통마비가 올 정도이다. 경기가 끝나면 연길시의 수많은 음식점에는 경기 뒤풀이를 즐기는 축구팬들로 자리가 없을 정도이다.

그 뜨거운 열기는 단순한 스포츠의 열기를 넘어선다. 우리가 2002년에 한마음 한뜻으로 광화문 광장에 모여 응원했듯이, 연길시는 연변축구팀의 홈경기가 있을 때마다 2002년의 광화문 광장처럼 뜨거워진다. 2002년의 뜨거운 여름보다 더 뜨거웠던 그때의 열기를 다시 한 번 느껴 보고 싶다면 연변축구팀의 홈경기를 보러 오길 바란다. 나도 모르고 뜨거워져 있는 자신을 발견하게 될 테니 말이다.

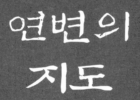

5장

연변의
지도

용의 우물, 용정

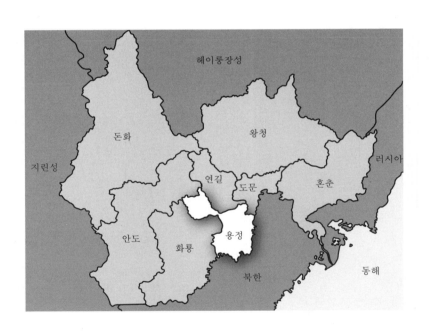

용정은 중국의 지린성 연변조선족자치주의 중부에 위치하고 있

으며, 연길에서 남서쪽으로 20킬로미터 정도 떨어져 있는 상공업 도시다. 1913년에 연변현으로 설치되었다가, 1983년에 용정현으로 개칭하였고, 1988년 7월에 시로 승격되었다.

용정에는 3·1 운동의 의지를 이어 갔던 3·13 만세운동이 일어났던 곳이며, 용정이란 이름답게 '용의 우물'이라 불리는 우물이 있다. 또한, 윤태영이 작사한 가곡 〈선구자〉에 나오는 비암산의 일송정에 올라와 보면 시내를 가로질러 흐르는 해란강과 그 주변으로 펼쳐진 넓고 비옥한 농경지를 한눈에 볼 수 있다. 이 모습을 바라보고 있자면 마음이 절로 잔잔해지고 평온해지는 느낌마저 든다.

용정이 용의 우물이라는 이름을 갖게 된 데에는 다음과 같은 전설이 전해진다.

먼 옛날, 해란강 기슭의 작은 마을에 부지런하고 착한 조선족 처녀가 살고 있었다. 그녀는 늘 강가에서 빨래를 하곤 했는데, 여느 날과 마찬가지로 빨래를 하러 강에 나섰다. 강에서 마을 개구쟁이들이 잉어 한 마리를 잡았는데, 이 착한 처녀는 죽어 가는 잉어를 측은하게 여겨 잉어를 아이들에게서 뺏어 강물에 놓아주었다.

그런데 그녀가 놓아준 잉어는 원래 동해용왕의 셋째 아들로, 법을 어겨 용왕이 벌로 잉어로 변신시킨 것이었다. 그러다가 아이들 손에 잡혀 죽을 뻔한 것을 처녀 덕분에 살아날 수 있었다. 잉어는

| 일송정에서 바라본 풍경

그녀가 너무 고마워 돌아가지 않고 그녀가 빨래를 하는 내내 그녀 앞에서 왔다 갔다 했다. 어느덧 빨래를 끝낸 처녀는 돌아가려다가 잉어가 귀엽기도 하고 또 다시 아이들한테 잡힐까 봐 그 잉어를 잡아 마을 우물에 조심스레 넣었다.

그날 저녁, 우물에 넣은 잉어가 걱정된 그녀는 우물가로 가보았다. 그런데 그곳에는 잉어 대신 잘생긴 청년이 그녀를 기다리고 있었다. 그 청년은 바로 잉어가 변한 것이었다. 첫눈에 사랑에 빠진 두 사람은 결혼하려 했지만, 처녀 부모의 극심한 반대에 부딪혔다. 이에 비관한 처녀는 잉어를 놓아주었던 우물에 몸을 던졌다. 그녀가 우물에 몸을 던지자 우물 속에서 한 마리의 청룡이 그녀를 안으며 하늘 위로 솟아 올라갔다고 한다.

　이때부터 이 우물을 용이 날아오른 우물이라 하여 '용정'이라 불렀으며, 그녀가 살던 마을을 용정촌이라 부르기 시작하였다고 한다.

　용정에는 명동이라는 마을이 있다. 그리고 명동에는 우리가 잘 아는 저항시인 윤동주의 생가가 있다. 우리는 학창시절부터 윤동주의 〈서시〉를 배우기 때문에 대부분 윤동주에 대해서 모르는 사람이 없다. 하지만 그가 어디 출신인지를 아는 사람은 거의 없다. 이는 연변의 조선족들도 마찬가지였다. 윤동주가 용정 사람인 것을 용정 사람들도 잘 몰랐다가 최근 국내 연구진과 협업하여 윤동주 생가를 찾아내 현재 복원해 놓았다.

지금은 연변의 중심가라고 하면 대부분 연길을 꼽지만 예전에는 이 용정에서부터 모든 것이 시작되었다. 윤동주와 함께 문익환, 송몽규가 다녔던 명동학교는 민족교육의 산실이자 반일운동의 책원지라 불리는데, 많은 독립투사들이 이 학교의 교사와 학생 출신이다. 또한, 많은 독립투사들이 용정에 머물렀으며, 용정은 그들이 상하이로 넘어갈 수 있도록 다리 역할을 해주었다. 그러면서 자연적으로 용정은 연변의 중심지가 되었고, 연변에서 주도적인 역할을 해왔다.

용정에는 관광지 중 하나로 일제 때 세워졌던 간도일본총영사관이 있다. 지금은 입장권을 사서 들어가 구경할 수 있는 관광지가 되었지만, 연변 사람들에게 있어 참혹한 역사의 시작이라 해도 과언이 아닐 것이다.

1907년 8월, 일제는 '조선인들의 생명과 재산을 보호한다'는 구실로 용정에 조선통감부 간도파출소를 세운다. 그리고 1909년 9월 4일, 청나라 정부를 협박하여 간도협약을 체결한 뒤 조선통감부 간도파출소를 간도일본총영사관으로 바꾼다. 하지만 1922년 11월에 영사관에 화재가 발생하여 건물이 타버렸는데, 이에 관해 재미있는 일화가 하나 전해지고 있다.

건물이 불에 타자, 일제는 청나라 정부 관리에게 금 한 덩이를 줄 테니 소가죽 한 장 만큼의 땅을 달라고 청했다고 한다. 이에 청나라의 관리는 땅이 넓은 청나라에서 소가죽 한 장 정도의 땅에 금한 덩이면 손해 보는 장사는 아니라는 생각에 흔쾌히 승낙한다.

며칠 후, 소가죽 한 장밖에 되지 않는 땅으로 뭘 할 수 있다는 건지 궁금했던 청나라 관리는 직접 땅을 보러 갔다. 그런데 소가죽 한 장은커녕 운동장만한 건물을 짓고 있는 것이 아닌가? 이에 놀란 청나라 관리가 금덩이를 줬던 일제 관리를 만나 따졌다.

이게 무슨 일이오? 내게 소가죽 한 장만큼의 땅만 달라 하지 않았던가? 이게 지금 소가죽 한 장만큼의 땅이란 말이오?

이에 일제 관리가 웃으며 답했다.

왜 그리 노여워하십니까? 우리는 분명 약속한 대로 소가죽 한 장만큼의 땅으로 영사관을 짓고 있는 것입니다.

그 말에 청나라 관리는 화가 솟구쳤다.

이게 어딜 봐서 소가죽 한 장 크기란 말이오? 말이 되는 소릴 하시오!

청나라 관리가 계속하여 분노하며 펄쩍 뛰자 일제 관리는 고개를 저으며 말했다.

　우리는 분명 소가죽 한 장 크기의 땅만 사용하고 있습니다. 못 믿으시겠다면 보여드리지요. 여봐라! 소가죽을 가져와 보여드려라!

그의 명령에 몇몇이 실뭉당이 같은 것을 들고 나와 건물을 짓고 있던 땅 주변을 두르기 시작했다. 실뭉당이는 정확히 건물의 주변 땅을 동그랗게 둘렀다.

　보십시오. 이것은 분명 소가죽 한 장입니다. 실 같이 얇지만 다 모아 합치면 틀림없는 소가죽 한 장입니다. 그런데도 우리가 약속을 지키지 않았습니까? 소가죽 한 장의 대가로 금덩이를 분명 받지 않으셨습니까?

일제 관리의 말에, 청나라 관리는 그제야 당했다는 생각이 들었지만 어쩌지 못하고 혼자 분을 삭여야만 했다.

이 이야기는 현재 간도일본총영사관에 적혀 있는 유명한 일화이다. 이 일화가 사실인지는 분명하지 않지만, 일제가 조선과 중국을 침략했을 당시 얼마나 교활했는지를 잘 보여 주는 단적인 예라고 할 수 있다. 그리고 당시 용정을 포함한 연변 지역 조선족들이 일본을 어떻게 생각했는지도 잘 알 수 있다.

용정에서는 지금까지도 역사의 흔적을 많이 찾아볼 수 있다. 앞서 말한 곳 외에도 동흥중학교, 대성중학교의 옛터가 있으며, 3·13 반일의사의 묘지 등을 만날 수 있다. 용정은 조선에서 반일 투쟁을 할 때 함께 투쟁하였고, 조선의 독립을 위해 독립 운동가들이 몸부림칠 때 그들을 도운 다리 같은 곳이었다. 또한, 민족의식을 갖춘 인재를 배출하는 데에 힘썼으며, 보이지 않는 곳에서 그들을 지원했다.

일송정에 올라 해란강과 함께 경치를 바라보고 있으면, 오직 나라를 위해 피와 눈물을 흘렸던 그들의 소리가 들리는 듯하다.

연변의 중심, 연길

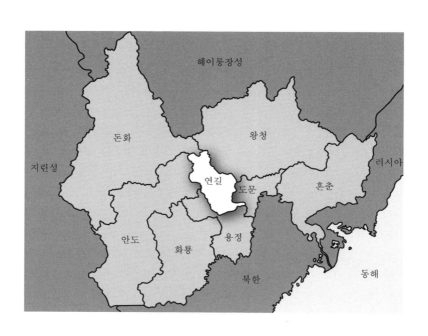

연길은 중국 지린성 연변조선족자치주의 연길시를 말하며, 지

도상 자치주의 한가운데에 있다. 연길은 연변의 주도로서, 나라로 치면 수도와 같은 곳이다. 연길이라는 이름은 산양의 일종인 석양石羊에서 유래되었다는 설이 가장 유력하다. 만주족 말로 석양을 '엽길'이라 읽었다고 하는데, 여기서 연길이 유래되었다는 것이다.

'연길'이란 지명에 대한 기원설은 여러 가지가 더 있는데 아직 정설로 굳혀진 건 없다. 연길이 길림의 연장을 의미한다는 말도 있고, 담배가 많이 나서 장마당을 이뤘기 때문에 담배 시장이라는 의미의 '연집'이라 불리다가 연길이 되었다는 설도 전해지고 있다.

┃ 연길에 위치한 신화서점

연길은 중국 조선족 문화의 중심지이자, 주변 농업 지역에서 생산되는 농산물의 집산지이다. 연길 주민 중 조선족의 비중은 40퍼센트 정도이다. 연길은 청나라 말기에 간무국墾務局이 설치된 곳이라 해서 '국자가局子街'라고도 불렸는데, 길이 국자 모양 같이 생겨서 국자가가 됐다는 설도 전해진다.

연변에 가기 위해 비행기를 타면 연길 공항에서 내리기 때문에 자연스레 연길을 연변에서 가장 먼저 만나게 된다.

연길에는 연길을 대표하는 5성급 호텔인 연변국제호텔, 연변백산호텔, 대종호텔이 있으며, 인구에 비해서 백화점도 상당히 많은 편이다. 덕분에 연길의 거리는 마치 서울의 종로처럼 보이기

❙ 연길 공항

도 한다. 상점 곳곳에 한국어 간판이 붙어 있어 더욱 그러한 느낌을 준다.

연길은 2012년 연변조선족자치주 창립 60주년을 맞아 도시를 대대적으로 새 단장했다. 연길 건물의 반은 한국풍으로, 반은 러시아풍으로 지어 그 멋을 더한다. 특히, 밤에는 화려한 야경이 웬만한 대도시 번화가를 뺨칠 정도로 아름답다.

연길의 자랑 중의 하나는 연변 제1고등학교이다. 연변에는 학교에 번호를 매겨 학교를 나누는데, 연변 제1고등학교는 조선족 고등학교, 연변 제2고등학교는 한족 고등학교. 연길 제3부터 제11은 중학교이다. 소학교는 숫자가 들어가지 않는다. 그중 연변 제1고등학교는 중국 상위 대학인 베이징대학, 청화대학, 푸단대학 등의 진학률이 지린성 최고 수준을 자랑한다. 물론, 중국 대학 입시 제도에서는 소수민족에게 가산점을 부여하고 있긴 하다. 그러나 조선족은 소수민족 중에서도 가장 낮은 수준의 가산점만 부여받는다. 게다가 인구 비율로 따져 볼 때 지린성에서 중국 명문대 진학률 상위권을 차지한다는 것은 그만큼 연변 조선족의 교육열이 높다는 것을 증명한다.

또한, 앞에서 언급했듯 연길에는 연변의 3대 자랑 중 하나인 연변대학이 있다. 중국 국가 중점 대학으로 지정되어 있는 연변대학은 조선족의 자랑이 아닐 수 없다. 연길에서는 연변대학을 중심으로 지역 사회의 발전을 꾀하는 것은 물론, 여러 분야에서 뛰어난 인재를 배출하고 있다.

한편, 연길에는 연변조선족자치주민속박물관이 있는데, 이 박물관은 중국 정부가 선정한 100개 중점 박물관 중의 하나로서 연변 조선족의 문화와 역사를 전시하고 있다. 2008년에 설치된 조선족 민속실은 제1민속실과 제2민속실로 나뉘어 총 500여 점의 전시물을 소장하고 있다. 2015년에는 중국 주석인 시진핑이 이 박물관을 방문하기도 했다.

연길에는 산등성이의 모습이 마치 농부의 밀짚모자 같다고 해서 이름 붙여진 모아산帽兒山이 있다. 예전에는 모아산 산꼭대기에 돌로 쌓은 우물이 있었다고 한다. 모아산 비탈에 돌보습 등 원시

┃ 모아산 정상에서 바라본 풍경

시대의 석기가 발견되는가 하면, 산꼭대기에 고대에 쓰인 듯한 봉화대가 발견된 점으로 미루어 볼 때, 모아산에는 오래전 사람이 살았던 것으로 추측된다.

이 모아산에도 재미있는 속설이 하나 전해지는데, 바로 이곳에 용이 숨어 산다는 것이다. 한편, 동해 용왕이 변해 모아산이 됐다는 설도 있다. 이 때문인지 모아산 근처의 동네마다 용龍 자가 들어간 이름이 많다.

모아산의 등산로 입구에는 호랑이 석상이 멋들어지게 들어서 있는데, 예전에는 마을 사람들이 호랑이가 시내에 내려올까 두려워 여기에 제물을 바치기도 했다고 한다.

▎ 모아산 입구에 있는 호랑이 석상

모아산은 20~30분 정도를 걸어 올라가면 정상에 다다르는데, 정상에서 바라본 풍경은 가히 장관이다. 연길에 가게 되면 꼭 한 번쯤은 아침 운동 삼아 올라가 보라고 권하고 싶다.

또한, 연길에는 우리 입맛에도 잘 맞는 다양한 먹거리가 많이 있는데, 그중에서도 연길냉면은 가히 으뜸이라 할 수 있다. 연길냉면은 중국요리협회, 중앙TV방송(7채널) 주최로 진행된 '중국 10대 브랜드 국수' 맛 대결과 중화면식문화포럼에서 '중국 10대 브랜드 국수'에 선정될 정도로 그 맛을 인정받고 있다. 한국 냉면보다 면이 굵고 양이 푸짐하여 한 그릇을 다 비워 본 적이 없었는데, 그럼에도 그 맛이 단연 일품이었다. 연길에 가면 꼭 먹어 봐야 할 음식 중 하나라고 감히 단언하겠다. 그 맛을 본 사람이라면 아마 벌써 입에 침이 가득 고였을 것이다.

연길은 중국 속의 한국이라고 불려도 손색없을 만큼 한글을 많이 쓰기 때문에 중국어를 몰라도 그리 불편함을 느끼지 못할 정도다. 또한, 먹거리 등 다양한 문화가 한국과 크게 다른 점이 없어 지내는 데도 위화감을 느낄 새가 없다. 특히, 날이 저문 연길의 모습은 서울 여느 곳과 비교해 봐도 뒤지지 않는다. 화려한 야경 아래 광장에서 사람들이 사교댄스를 추는 모습은 진정 삶을 즐기며 행복하게 사는 것이 바로 이런 것이라는 생각이 들게 한다.

어느 누가 조선족이 촌스럽고 후졌다고 말했던가? 연길의 밤을

겪어 본 사람이라면 결코 그리 말하지는 못할 것이다. 그들의 밤은
우리의 낮보다 화려했고 아름다웠다.

두만강의 슬픔, 도문

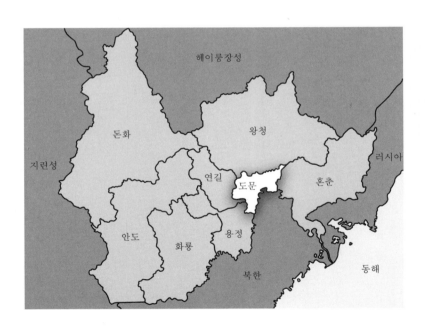

두만강 너머 멀리 북한을 바라볼 수 있는 도시, 바로 연변의 도

문 시이다.

　도문이란 지명은 두만강에서 비롯되었다. [중국에서는 두만강을 도만강 (圖們江)이라 부른다.] 원래 도문은 연길현에 속한 마을로, 1933년 도시가 형성되면서 도문진圖們鎭이라는 이름을 갖게 되었다. 이후 1965년 왕청현의 석현진石峴鎭과 통합하면서 연길에서 독립해 도문 시로 승격되었다.

　도문은 두만강을 사이에 두고 북한과 접견해 있는 지역이기 때문에, 연변에서 북한과 교역이 가장 활발히 이루어지는 곳이다. 이곳 국경 지역에는 북한을 바라볼 수 있는 전망대가 설치되어 있어, 한국인 관광객이 많이 찾는 곳이기도 하다. 나 역시 도문을 방문했을 때 전망대에서 북한의 모습을 본 적이 있었다. 군인뿐만 아니라 주민과 아이들까지 보일 정도로 거리가 가까웠다. 관광 코스로 두만강을 유람선이나 뗏목으로 구경할 수도 있어 관람객이 늘 북적거리는 편이다.

　북한과 가까운 만큼 도문에는 탈북자가 많은 편인데, 지금은 좀 덜하지만 얼마 전까지만 하더라도 밤마다 탈북자들이 창문을 두드리며 먹을 것을 달라 했다고 한다. 연길에서 도문으로 가는 길에는 탈북자를 수용하는 수용소가 있으며, 수용소 옆에는 '3분이면 조선 도착'이라는 큰 표지판이 세워져 있다.

　얼마 전, 우연히 들은 개인 방송에서 탈북자가 자신의 탈북 이

| 멀리 보이는 탈북자 수용소

| '3분이면 조선 도착'이라 적힌 도로 위 표지판

야기를 들려주었는데, 그녀는 이 탈북자 수용소에서 자신의 어머니를 만났다고 했다. 이 수용소에 들어간 탈북자들은 북한으로 강제 송환되는 것보다 중국 감옥에 있는 것이 낫다는 생각에 자신의 죄를 부풀려 자백하는 경우가 많다고 한다. 개인 방송을 하던 그녀도 북한 감옥에 비하면 중국 감옥은 호텔 수준이라고 하니 충분히 그럴 만도 하다는 생각도 든다.

이 지역은 한국, 중국, 북한의 국제 관계에 따라 분위기가 많이 달라진다. 한국과 중국의 관계가 틀어지면 북한과의 교류가 활발해지거나 탈북자에 관한 법률이 엄격해진다. 탈북자를 신고하면 포상금을 준다는 등의 법안을 세워 탈북자에 대한 규제를 철저히 한다. 그렇게 해서 잡은 탈북자는 북한으로 강제 소환한다고 한다.

하지만 중국과 북한의 관계가 틀어지고 한국과의 관계가 우호적으로 변하면 북한으로 이어진 다리에서 차의 이동은 찾아보기 힘들어진다. 잡은 탈북자들 역시 북한이 아닌 한국으로 보내주기도 한다.

도문에는 약 10킬로미터의 긴 골짜기가 있다. 예전에는 이곳에 송이버섯을 비롯하여 영지, 황기, 기름개구리 등이 많이 나 사람들이 옹기종기 모여 살았다고 한다. 이곳은 바로 봉오골, 다른 말로 봉오동이다.

봉오골은 우리가 잘 아는 봉오동 전투가 펼쳐진 장소이기도 하다. 1920년 6월, 봉오골에서 홍범도는 최진동 등과 함께 대한군 연합부대를 이끌며 일본군과 싸워 그들을 대파한다. 봉오동 전투는 항일 무장투쟁을 알리는 시발탄이 되었다.

많이 알려지지 않은 이야기지만 일본군 지원 부대가 봉오동 전투에서 패하면서 철수하기 시작했는데, 골짜기가 비파처럼 생겨 비파골이라 불리는 곳에서 자기네들끼리 혼전이 일어나 요란한 총소리가 울려댔다고 한다.

도문에는 마패촌이라는 마을이 있다. 마패촌은 1881년 수구포 지역의 조선인이 건너와 개척한 마을로, 마패촌이란 이름을 갖게 된 데에는 한 일화가 전해져 내려온다.

옛날 두만강 기슭에 오랑캐와 싸우다 이곳까지 이르게 된 한 조선 장수가 있었다고 한다. 그 장수가 타고 있던 말이 전투에서 결국 죽자, 이를 딱하게 여긴 장수가 죽은 말을 묻어 주고 비석을 세워 주었다고 한다. 따라서 '말의 비석을 세운 마을'이라 하여 마패촌이라는 이름이 되었다는 것인데, 정확한 근거는 따로 없다.

마패촌은 역사적으로도 중요한 장소인데, 앞서 말한 봉오동 전투의 도화선이 바로 이 마을이었기 때문이다. 봉오동 전투의 시작이 된 삼둔자 전투는 마패촌과 관련이 깊다.

도문에서 북한을 더 잘 보고 싶다면 중국 동북 3성 국경에 위치한 도문 일광산 삼림공원에 가보는 것을 추천한다. 일광산 남양정에 올라 그곳 전망대에서 북한을 바라보면 북한의 남양 땅을 훨씬

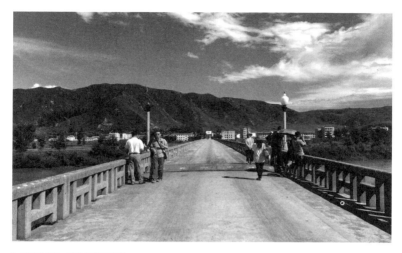

| 도문에 있는 일명 '북한 다리'

더 잘 볼 수 있다. 나무 계단으로 되어 있기 때문에 5~10분만 걸어 올라가면 금방 남양정에 도착할 수 있다.

남양정에 바라보면 두만강을 중심으로 왼쪽으로는 연변의 도문이, 오른쪽으로는 북한의 남양이 보이는데, 그 둘의 연결하는 도문대교가 한눈에 들어온다. 다리의 상판에는 주황색과 파란색 선이 그어져 있다. 주황색 선 부분까지만 도문의 관광객에게 개방된다. 다리에는 붉은색 선으로 국경을 표시해 놨는데, 다리에 서서 북한을 바라보면 이리도 가까움에도 불구하고 참으로 멀고 모르는 곳이라는 생각에 마음이 씁쓸해지기도 한다.

국경이 있는 곳이라 그런지 도문대교 근방은 강가를 따라 풀숲이 우거져 있다. 그곳에서 사람들에게 몇 해 전 북한에서 미국 기자 두 명을 포로로 잡은 적이 있었는데, 북한 사람인지 확실치 않은 사람이 사진을 더 잘 찍을 수 있는 곳을 안내해 주겠다며 그들을 유인하여 납치했다는 이야기도 들었다.

도문은 북한과의 접경지이다 보니 아무래도 사람들과 북한에 관한 이야기를 주로 할 수밖에 없었다. 그만큼 분단의 아픔은 아직도 여전하다는 것을 의미하지 않을까 싶다. 시대가 흘러 세대가 바뀌었어도 한 나라, 한 민족의 그리움은 이어지고 있는 것이 아닐까? 반드시 이어져 언젠가는 누구도 평생을 그리움과 눈물로 살지 않는 날이 오기를 바란다. 도문에서는 아직도 슬프고 안타까운 이야기가 현재 진행형이니 말이다.

이무기의 승천, 화룡

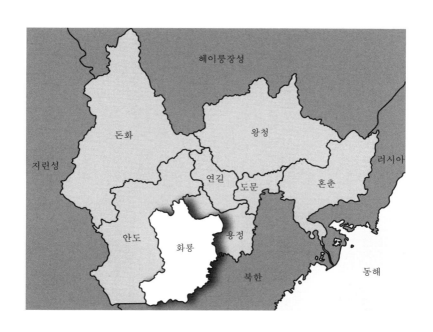

연변의 남쪽에 위치한 화룡 역시 도문과 마찬가지로 두만강을

경계로 남쪽으로는 함경북도와 양강도와 닿아 있는 북한 접경 지역이다. 화룡 동쪽으로는 용정, 서쪽으로는 안도와 닿아 있다. 예부터 조선인이 많이 살았던 화룡은 현재도 연변에서 조선족의 비율이 55퍼센트로 가장 높은 곳이다.

백두산 동쪽 기슭에 위치한 화룡은 높은 산과 험준한 봉우리가 발달한 산간 지역이다. 삼림이 화룡 전체 면적의 약 81.5퍼센트에 해당될 정도로 많이 분포되어 있어 임업 자원이 풍부하며, 야생 동식물도 자주 발견할 수 있다고 한다. 광물 자원도 풍부한 편인데, 그중 석탄의 매장량이 가장 높다고 한다. 거기에 두만강 상류 지역에 위치한 지리적 조건 덕분에 수자원도 풍부하다.

화룡은 기온의 연교차가 크고, 연평균 강수량은 500~700밀리미터 정도로 적은 편이지만, 하천이 많아 벼농사 등의 농업이 발달하였다. 쌀의 경우, 그 품질을 인정받아 평강벌에서 생산되는 쌀이 중국 국무원에서 전공미專供米로 지정되기도 했다. 2001년에는 화룡의 쌀이 지린성의 브랜드 제품으로 선정되었다. 화룡에서는 그밖에 콩, 조, 보리 등 곡물과 사과, 배 등 과일은 물론, 잎담배, 인삼까지 재배하고 있다.

'화룡和龍'이란 지명은 지형이 마치 용이 어우러진 형상 같다 하여 근세에 조선족이 지어 붙인 이름이다. 화룡의 시내 한복판에서는 용의 조각상이 멋들어지게 자리 잡고 있는데, 금방이라도 승천할 것만 같은 기세를 뽐내고 있다.

화룡이라는 이름에는 여러 설이 존재한다. 먼저, 화룡에서 동쪽 용정 방향으로 약 40킬로미터 정도를 가다가 남쪽 지신향 방향으로 꺾어 들어가다 보면 길가에 작은 비석이 하나 세워져 있는데, 이 비석에는 화룡의 또 다른 이름인 '달라자㳰垃구'라는 글자가 적혀 있다.

청나라 초, 연변 지역은 청나라의 봉금 정책으로 한때 관리 기구가 없었던 시기가 있었다. 1714년에 이르러서야 혼춘 협령이 설치되어 본격적으로 청나라의 관리를 받게 되었다. 이후 1884년, 화룡욕, 광제욕 등의 지역에 조선과의 통상업무 처리를 위한 통상국이 설치되었는데, 이때 처음으로 '화룡'이란 글자가 들어간 지명 '화룡욕'이 처음으로 관방문헌 《길림조선통상장정》에 등장한다. 시간이 흘러 1909년, 연길청이 부로 승격되면서 잇따라 화룡욕은 현으로 개명된다. 화룡이란 이름은 이렇게 전해졌다.

그러나 한자와는 달리 현지의 언어학자들은 화룡은 만주족 말일뿐, 원래 용을 뜻하는 것이 아니라고 주장한다. 만주족 말인 'holo'의 음을 옮긴 것으로, 그 뜻은 '두 산이 골짜기 하나를 사이에 끼워 두고 있다'는 의미라고 한다. 실제로 화룡 동남쪽에는 오봉산이 있고, 동쪽에는 산줄기가 굴곡져 있다. 또한, 서쪽은 구릉이며 가운데는 육도하가 흐르는 하곡분지이다. 때문에 만주족 말에서 어원을 찾는 것도 근거 없는 주장은 아닌 듯하다. 화룡욕에서 욕峪 자 뜻 역시 산골짜기를 뜻하기 때문에 어쩌면 만주족 말과 중국말이 합쳐져 만들어진 지명일 가능성도 높아 보인다.

앞서 비석에 쓰인 화룡의 또 다른 이름인 달라자 역시 만주족 말인데, 여기서 나자(라자)는 '바위벼랑'이라는 뜻이다. 이 이름 역시 이에 대한 다른 의견과 함께 재미있는 일화가 전해진다.

옛날 청나라 거지들이 늘 바위기슭에 있는 조선인 동네에 찾아와서 동냥을 했다고 한다. 그런데 한 명에게 먹을 것을 주면 두 명이 찾아오고, 두 명에게 나눠 주면 다음에는 세 명이 와서 '밥 좀 달라'고 해대는 것이었다. 그 구걸 소리가 그칠 줄 모르고 매일 같이 '달라'는 소리가 마을에 들리자, 이것이 달라자라는 지명으로 굳어졌다는 것이다. 어느 설이 맞는지는 모르겠지만 지명마다 재미있는 일화가 있다는 것이 흥미롭다.

이 달라자의 예전 기슭에는 서당이 하나 있었는데. 그 서당이 바로 독립 운동가 김약연이 처음 세운 규암재이다. 규암재는 1908년 명동학교 설립에 초석이 된 의미가 깊은 서당이 아닐 수 없다.

그리고 화룡에서 약 40킬로미터 정도 떨어진 곳에 위치한 백리평에는 우리가 잘 아는 청산리가 있다. 주변의 산에 소나무가 빽빽이 차 있다 하여 '청산리靑山里'라 불리지만, 우리가 청산리에 대해 잘 아는 것은 김좌진 장군의 청산리 전투 때문일 것이다.

김좌진 장군이 인솔한 북로군정서 독립군은 해란강을 따라 베개봉 쪽으로 향해 골짜기에서 매복하고 있다가 일본군을 대격파하는데, 이후 참패를 당한 일본군이 그 분풀이로 근처 백운평의 남자들을 노소 불문하고 집 안에 가두고 불을 질러 죽였다. 그리고 불이 난 집에서 뛰쳐나오는 사람은 바로 총으로 쏴서 죽였다고 한다.

또한, 골짜기가 깊다고 하여 '만리구'라고 불리는 곳에는 골짜기 어귀에 비석이 하나 세워져 있는데, 바로 일본군과 격전을 벌이다가 숨진 항일유격대원의 기념비이다. 1932년 2월 12일, 일본군은 유격대가 집결하고 있던 어랑촌을 불시에 습격했다. 유격대원들은 일본군과 6시간여의 혈전을 벌였고, 어랑촌의 항일군 1천여 명이 철수하였다. 이 과정에서 열세 명의 대원이 전사하였다. 이후 1957년 화룡현 정부에서 어랑촌 입구에 '13용사 기념비'를 세웠다. 이 기념비가 있어서 그런지 만리구를 '비석골'이라고도 부르기도 한다.

화룡에는 봄이 되면 산마다 가득 핀 진달래꽃으로 그 향이 가득하다. 때문에 화룡에서는 연변 최대 축제 중 하나인 진달래 축제가 개최된다. 진달래 축제는 '진달래길 춘하추동'을 주제로 매년 봄 진달래가 필 무렵에 열어 조선족 문화를 대내외에 전하는 역할을 하고 있다. 또한, 진달래 민속촌은 중국에서 5A급 농촌 관광지로 지정되기도 하였다.

조선족의 오랜 문화와 풍습이 가장 잘 남아 있는 화룡에는 과거

와 현재가 공존하고 있다. 진달래의 그윽한 향과 함께 향수에 젖어

보고 싶다면 화룡을 찾아가기를 바란다.

북중러 접경 지역, 혼춘

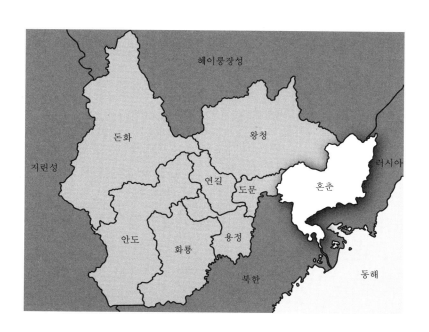

혼춘은 연변조선족자치주 동부에 위치한 현급시로 북한, 중국,

러시아와 경계를 이루는 지역이다. UNDP(유엔개발계획)에 따라 북한의 나진, 러시아의 포시에트와 소삼각 권역을 이루며 국제 개방 도시로 발전하고 있다.

중국과 러시아의 공동산업단지인 혼춘은 중국의 경제 특구와 비슷한 성격을 띤 지역으로, 입주 업체의 수출입세금을 모두 면제해 주고 있다. 또한, 러시아의 컴퓨터와 자동차 업종 등 첨단 산업을 유치해 양국 최대 국경무역구로 성장하기 위해 노력하고 있다.

혼춘이란 지명은 만주족 말로 '꼬리'를 뜻하는 'uncehen'에서 유래되었다는 언어학자의 주장과, 《일본통지日本統志》, 《길림통지吉林統志》등의 지역 관련 문헌에서 혼춘이 '혼춘하'에서 비롯되었다는 기록이 맞다는 주장이 상충하고 있다. 두 주장 다 어느 정도 설득력이 있는데, 바로 혼춘이 혼춘하 부근에 위치하며, 특히 하류에 있어 '꼬리'라는 의미와도 맞아떨어지기 때문이다. 이 두 가지 주장 외에도 '변방의 땅', '국경에 가까운 땅'을 뜻하는 여진족 말에서 비롯되었다는 주장, 유난히 아침 안개가 잦아 '흐린 봄'이라는 뜻을 가진 '혼춘'으로 지었다는 주장도 있다.

청나라가 만주 땅을 통일하고 산하이관山海關 남쪽으로 진출한 후, 혼춘 지역은 봉금 정책 아래 놓였다. 이후 청나라는 러시아의 세력 확장을 막기 위해 변방 지역을 주목하였고, 1714년에 이르러 혼춘에 협령 아문을 설치하고 관리하기 시작했다. 한편, 조선족은 혼춘에 1860년대부터 많이 이주하였다.

혼춘은 옛부터 금이 많이 난다고 유명했는데, 조선인이 처음으로 혼춘 태평구에서 사금광을 발견한 이후 이 일대에 금을 캐러 온 사람들이 늘어났다. 너도나도 붉은 깃발을 꽂고 금을 캔 덕분이 한때 혼춘하는 '홍기하紅旗河'라고 불렸다. 이 외에도 혼춘하는 붉은색과 관련이 깊은데, 단풍나무가 빼곡히 들어선 혼춘하 일대에 붉게 단풍이 들면 마치 붉은 강 같다고 하여 '홍계하紅溪河'라고 불렀다고 한다.

옛날부터 수심이 깊은 혼춘하 하류를 따라 두만강으로 많은 선박이 드나들었다. 두만강은 함경북도 청진 등 국내는 물론, 러시아 블라디보스토크로 이를 수 있기에 혼춘은 두만강으로 가는 입구로서 많은 사람들이 드나들며 번성하였다. 인구가 늘어나고 상업이 크게 발달하였는데, 한때 그 규모가 지린시에 버금갈 정도였다고 한다. 그러나 1931년 만주 사변 이후 두만강의 선박 운수가 중지되고, 이어서 1938년 장고봉 사건이 터지자 두만강 항로가 전면 폐쇄되었다. 이는 혼춘 지역의 경기 침체로 이어졌고, 현재까지도 선박 운수에 관하여 그 여파는 진행 중이다.

장고봉 사건은 1938년 7~8월에 장고봉에서 일어난 일본과 소련의 군대 충돌 사건이다. 장고봉은 그 모습이 장고(장구)와 비슷하다 하여 이름 지어진 봉우리로, 조선·만주·소련의 국경 부근에 위치한다. 이 근처 방천 마을에는 조선인이 60여 가구 정도 살고 있었다.

1938년 7월, 일본군 세 명이 장고봉 일대에서 소련의 군사 시설을 정찰하다 발각되어 소련군에 의해 그중 한 명이 사살되었다. 이것이 도화선이 되어 일본과 소련 군대는 대규모 전투를 벌였는데, 이것이 장고봉 사건이다. 전투 결과, 일본이 정전 교섭에서 장고봉이 소련에 귀속되는 것을 승인하였고, 그렇게 일본의 북진 시도는 좌절되었다.

하지만 정작 이 전투로 가장 큰 피해를 입은 건 마을 사람들이었다. 전투가 일어나자 마을 남성들은 징집되어 부상자와 사망자를 운송해야 했으며, 여성들은 밥을 지어야 했다. 또한, 포화로 집이 훼손되고 많은 사람이 다치거나 죽었다. 당연히 조선인의 피해도 막심했다. 혼춘에는 이 사건을 기념하는 장고봉 사건 기념관이 세워져 그때의 역사를 간직하고 있다.

장고봉 사건 이후 일본은 방천 부근의 두만강에 말뚝을 박고 두만강의 항로를 봉쇄시켜 버렸다. 그때부터 동해로 가는 뱃길은 열리지 못했다. 최근 혼춘은 권하(圈河) 세관(북한 원정세관 맞은편)에서부터 두만강을 건너갈 수 있는 신 두만강 대교를 건설하고 있다. 이 대교가 완공되면 중국에서 북한의 나진-선봉 지역으로 가는 길이 늘어날 것으로 예상된다.

권하-원정세관은 예부터 북중 교역의 주요 통로 중 하나로 중국은 이곳을 통해 북한 나진-선봉 지역으로 전기를 공급해 주고 있다. 때문에 이 지역은 북한의 다른 지역보다 전기 시설이 많이 발전되어 있다고 한다. 한편, 신 두만강 대교에서 조금 남쪽으로 내려가면 방천 풍경구라는 곳이 있다. 이곳은 북한, 중국, 러시아 3국의 국경이 맞닿아 있는 곳으로, 중국에서는 이곳을 한눈에 세 나라를 본다는 뜻의 '일안망삼국一眼望三國'이라고 부른다.

먼 옛날, 광활한 영토를 자랑했던 고구려의 기백이 살아 있는 혼춘은 지금은 국제 상업 도시라는 이름으로 바쁘게 돌아가고 있다. 연변에 온다면 꼭 혼춘에 들려 세 나라 사이에서 오늘도 발전해 가는 혼춘의 모습을 감상해 보길 바란다.

발해의 흔적, 돈화

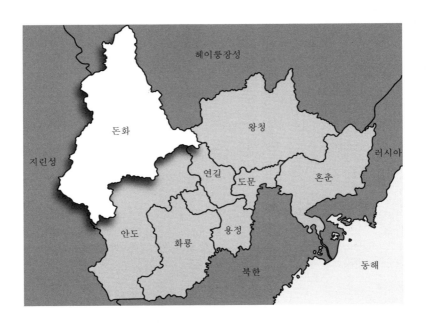

연변조선족자치주의 여섯 개 시 중 마지막인 돈화는 연변 북서

쪽 무단강牧丹江 상류에 위치한 도시이다. 또한, 지린성 네 개 구와 헤이룽장성 아홉 개 현과 근접해 있다. 돈화시는 길이 200여 킬로미터, 너비 143킬로미터로 지린성의 현급 행정 단위 중에 가장 면적이 큰 편에 속한다.

200여 년간 청나라의 봉금 정책 아래 놓여 있던 돈화는 봉금 정책이 풀리면서 1882년 돈화현이 되었고, 1958년에는 연변조선족자치주에 포함되었다. 그리고 1985년 현에서 시로 승격되었다. 그러나 연변에 속함에도 불구하고 조선족의 비율이 현저히 낮은 편이다. 돈화 주민 대부분은 한족으로 조선족은 돈화시 인구의 2퍼센트 정도에 불과하다.

그러나 결코 조선족의 활약이 소소하지는 않았다. 봉금이 풀린 후부터 산둥 지방의 조선족이 들어옴에 따라 밀, 콩, 옥수수, 쌀 등의 농업이 성행하였다. 산이 많아 임업이 발달하면서, 인삼, 약재, 모피 등 특산물은 물론, 목재 가공, 방직 등의 생산 활동도 활발하였다.

또한, 돈화는 역사적으로도 우리와 관련이 깊다. 돈화는 기록상 두 번에 걸쳐 나라의 첫 도읍지가 된 곳이다.

처음은 동부여가 고구려에 멸망하기 전, 부여 금와왕의 막내아들인 갈사가 세운 갈사국의 도읍지가 되었다. 갈사국은 고구려 대무신왕의 아들인 호동 왕자의 어머니가 태어난 나라이다. 다음은 대조영이 고구려 유민들을 모아 동모산東牟山에 세운 발해의 도읍지가 되었다. 동모산은 현재 돈화 성산자산성城山子山城 쪽에 있다.

돈화시의 남쪽 교외에는 오동성지敖東城址가 있다. 오동성지는 발해 초기로 추정되는 유적이 남아 있는 곳으로 남쪽으로 무단강이, 북쪽으로 높은 산이 병풍처럼 둘러싼 곳에 위치해 있다. 내성와 외성으로 이루어진 장방형 성인 이곳은 현재 원래의 모습을 알기 어렵다. 성 안에 목재 공장과 집이 들어서 있고, 나머지는 경작지로 쓰이고 있기 때문이다. 다만 기단과 기와 파편으로 볼 때 성안에 상당수의 기와집이 있었던 것으로 추측된다.

돈화에서는 오동성지 뿐만 아니라, 통구령산성通溝嶺山城, 돈화성교城郊 및 관지官地의 24개석, 그리고 육정산六頂山 고분군 같은 발해 시대의 여러 유적을 만날 수 있다. 앞서 말한 성산자산성 역시 발해 때의 유적 중 하나다.

그중 육정산 고분군은 육정산에서 대량으로 발굴된 발해 시대의 무덤이다. 무덤의 크기에 따라 한 사람을 묻었거나, 여러 사람을 묻었거나, 혹은 어린아이를 묻었거나 하는 식으로 구분된다. 큰 무덤 중 대표적인 것이 바로 발해 문왕의 둘째딸인 정혜공주의 묘인데, 1949년 8월 연변대학의 방학봉 교수에 의해 발견되었으며, 9월 연변대학 발굴단이 발굴을 시작하였다. 하지만 당시 발굴 조사할 때에는 이미 도굴된 상태였다고 한다. 정혜공주묘에서는 나무널조각, 돌사자를 비롯하여 여러 유물이 발견되었는데, 이때

발견된 화강제 묘비로 큰 주목을 받았다.

한편, 육정산에는 정각사도 있다. 정각사는 1993년 중건된 사찰로 아시아 최대 규모를 자랑한다. 사원은 전당구, 생활구, 불학원 등으로 나눠져 있으며, 대천은 산을 따라 위쪽으로, 종고루와 아치는 서로 마주한 구조를 하고 있다. 특히 대웅보전은 면적이 1200제곱미터에 달하며, 구용석조로 둘러싸여 있다. 대웅보전 내에 있는 높이 12.5미터의 장목대불 3존과 더불어 관음전에 있는 순금으로 도금한 6000여 개의 손과 눈을 가진 육면체 관음성상이 유명하다. 이외에도 한백옥으로 만든 용무늬가 새겨진 여덟 개의 기둥 등이 있다.

이처럼 지금도 돈화에는 발해의 흔적을 많이 찾아볼 수 있다. 몇 년 전, 중국은 동북공정을 통해 발해를 중국의 역사로 만들려고 했다. 하지만 발해는 왜곡할 수 없는 우리의 유구한 역사이자 위대한 발자취이다. 발해의 수도였던 돈화는 발해의 살아 있는 증거이다. 연변을 찾는다면 돈화에서 더없이 화려하고 강대했던 발해의 역사를 찾아보기를 바란다.

항일운동의 본거지, 왕청

연변의 두 개 현 중 하나인 왕청은 연변 지도에서 보면 약간 외

진 곳에 위치한다. 그러나 위로는 중국 헤이룽장성과 맞닿아 있고, 연변 지역으로는 돈화, 연길, 도문, 혼춘에 닿는 중요한 위치에 있다. 대륙성 기후의 영향으로 겨울이 길고 여름이 짧은데, 특히 산간 지역이라 고도에 따른 기후 변화가 큰 편이다.

왕청이 지금의 이름을 갖게 된 데에는 긴 역사가 존재한다. 예전에 왕청에는 곳곳에 역참이 있었는데, 그중 '합순참哈順站'이라는 역참이 있었다. 합순참은 보루를 뜻하는데, 보루를 만주족 말로 하면 '왕흠旺欽'이라고 한다. 왕청은 여기서 유래된 것으로, 왕성할 왕旺은 넓을 왕汪으로, 흠은 음이 비슷한 청淸으로 변하였다.

왕청은 1900년대부터 조선인이 대규모로 이주해 살기 시작했으며, 1920년대에는 변방의 요새로서 항일 독립전쟁의 근거지가 되었다. 1911년, 독립 운동가 서일은 국외로 탈출한 의병들을 규합하여 왕청에서 중광단重光團을 결성했다. 또한, 북로군정서도 왕청에 근거지를 두고 사관연성소 등을 운영했다.

또한, 한국독립당韓國獨立黨 산하의 한국독립군은 항일전 사상 최대의 승리를 거두었는데, 바로 '대전자령 전투'에서였다. 이 전투가 일어난 곳이 바로 왕청이다.

왕청 동북의 산악 지대에서 활동하고 있던 한중연합군은 동서검자에서 당시 대전자(일명 나자구)에 머물던 일본 간도파견군이 연길로 철수할 것이라는 첩보를 입수한다. 1932년 항일군 부대를 타격하기 위해 파견됐던 간도파견군은 어느 정도 성과를 거두자 관동군 경비대가 연변으로 돌아오면 국내로 철수하려는 계획을 갖고 있었다. 이후 6월 28일에 계획대로 간도파견군은 철수를 시작한다.

이에 한중연합군은 첩보를 보내 간도파견군을 정탐하였다. 계곡이 많은 왕청 지역의 지리적 조건을 이용하여, 매복하여 공격하려는 계획이었다. 철수하는 간도파견군의 규모와 이동 노선, 출발일 등을 확인한 한국독립군은 노선마다 병력을 매복하였고, 대전자령(태평령)에서 간도파견군을 기다렸다.

일본군의 전초부대가 지나가고 본대가 계곡으로 들어오자 한중연합군과 한국독립군은 일제히 사격을 감행했고, 매복에 걸려든 간도파견군은 많은 병력과 무기를 버려둔 채 도주하였다. 4~5시간에 걸쳐 감행된 이 대전자령 전투에서 한중연합군과 한국독립군은 약 2개 대대의 병력의 일본군을 격파하는 승리를 거두었다.

이처럼 항일 무장 세력은 골짜기가 많았던 왕청에 주로 은둔하고 있었는데, 일본군은 그들을 '후즈'라고 불렀다. '후즈'는 북방 사람들이 마적을 이르던 말이다. 일설에 이 '후즈'가 다시 '노새'라는 말로 폄하되면서 '나자구'라는 지명이 생겼다고 한다. '후즈'가 있던 골짜기라는 의미로 말이다. 하지만 이건 항간의 속설 중 하나일 뿐, 대부분의 현지인들은 태평구에 많은 바위벼랑이 있어 '나자구'라는 이름이 만들어졌다 말한다. 바위벼랑을 뜻하는 만주족 말 '나자'가 붙어 그렇게 이름 지어졌다는 것이다.

1936년, 마을 사람들은 태평한 나날을 보내기를 바라며 이 지명을 '태평구'라고 개명했다고 한다. 그 무렵 '후즈'가 워낙 많아 일본군은 사흘이 멀다 하고 토벌을 해대서 마을 사람들은 늘 불안해하며 지내야 했기 때문이다. 광복 전까지 일본군은 자주 '후즈'를 토벌했는데 이때마다 조선인 마을은 많은 피해를 입었다. 때문에 일본군의 등쌀에 못 이겨 다른 곳으로 떠난 사람들도 적지 않았다.

하지만 광복 이후에도 또 다른 일로 난리를 겪어야 했는데, 1945년 8월 소련군이 만주에 진출하면서 일본인과 비슷하다는 이유로 조선인을 연행해 가는 일이 많이 일어났기 때문이다. 일부 소련군은 농가에 쳐들어가 가축을 빼앗거나 부녀자를 강제로 끌고 가기도 했다. 또, 이 무렵 관내에 진출한 중국국민당 군대와 지방군, 토비들이 자주 조선인 마을을 습격했다. 당시 북만주에서 사문동이 거느린 토비 무리가 조선인 마을 하나를 통째로 도륙한 사건도 일어났다.

조선인들은 결국 위험을 피해 '하마탕'이란 곳으로 이주를 했지만, 이 하마탕까지 토비들의 습격이 이어졌다. 이러한 토비들은 조선의용군 부대가 오면서 토벌되었다. 1946년, 조선의용군이 하마탕 북쪽에서 토비들과 격전을 벌여 승리를 거둔다. 연변 지역의 토비 숙청 작전은 1945년 11월부터 이듬해 6월까지 진행되었고, 이 과정에서 무려 1만여 명의 토비가 제거되었다. 이후로 점차 조선인 마을에는 생기가 돌기 시작하였으며, 1950년대 중반에는 조선족이 한때 200여 가구로 그 수가 늘어나기도 했다.

그러나 최근 도시 바람이 불면서 시골에 속하는 왕청을 떠나 연길로 가는 사람이 늘어나 최근 왕청의 조선족 인구수는 확연히 줄어들었다. 조선족 소학교가 통합되는가 하면, 한때 1000명이 넘던 학생 수도 지금은 300명도 채 되지 않는다고 한다.

한국으로 치면 읍 정도에 해당되는 왕청은 외진 곳에 있고 발전도 더디다 보니 연변 내에서도 그리 환영받지 못하고 있다. 연변에서는 동문서답을 하거나 엉뚱한 말을 하는 사람을 일컬어 '왕청 같다'라고 말하기도 한단다. (물론 왕청 사람들은 이 말을 싫어한다.) 잘못된 편견이 자리 잡고 있는 것이다.

왕청이 다른 연변 지역에 비해 발전이 늦은 데에는 환경적인 이유가 존재한다. 왕청은 중국을 통틀어 삼림 복개율이 제일 높은 지역으로 최근 들어서는 90퍼센트가 넘게 삼림이 복원되고 있다. 즉, 자연 환경이 뛰어나 호랑이와 아무르 표범 등 멸종 위기의 야생동물은 물론, 사향노루 등 150여 종의 야생동물이 자연에서 서식하고 있다. 또한, 산삼, 오미자, 구름버섯, 영지, 송이 등 약용 가치가 높은 식물이 풍부히 분포되어 특산물 생산지로서 주목받고 있다.

그러나 자연 환경에 중점을 두다 보니, 개발을 통한 지역 발전은 자연히 뒤쳐질 수밖에 없었다. 그나마 나무를 벌목하면 돈을 벌 수 있지만, 많은 산간 지역이 중국 국가삼림공원에 지정되어 있어 그것도 불가능한 실정이다.

지금은 비록 많은 사람들이 왕청을 떠나면서 인구수도 많이 줄고 경제 활동도 위축되었지만, 일제 강점기 때에 왕청은 그 어느 곳보다 뜨거웠다. 많은 사람들이 이곳에서 피를 흘렸고 땀을 흘렸다. 총소리가 끊이지 않았으며 언제나 위협이 도사리고 있었다. 이제는 다른 의미로 다시 한 번 왕청이 뜨거워지길 바란다. 자연과 공존하며 더욱 살기 좋은 곳으로, 그리고 많은 이들이 더불어 살면서 말이다.

천혜의 관광 보고, 안도

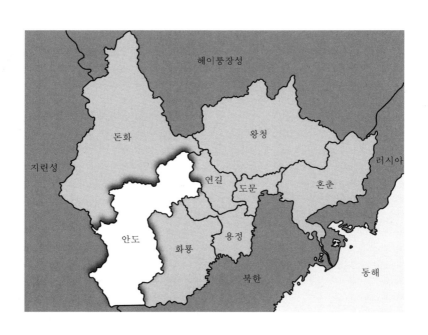

연변 서남쪽에 위치한 안도는 연변의 두 개 현 중 마지막 하나

다. 안도는 연변으로는 돈화, 연길, 용정, 화룡과 닿아 있고, 중국으로는 서쪽에 지린성 바이산시와 붙어 있다. 그리고 남쪽으로 백두산 천지를 경계로 북한과 마주 보고 있다.

안도는 전체 면적의 87퍼센트가 삼림 지역인데, 거기에 높은 산지 지역이 많아 기후 변화가 큰 편이다. 비가 자주 내리는 편이고, 기온의 연교차도 꽤 크다. 한편, 안도에는 임산 자원이 매우 풍부한데, 특히 홍송, 미인송 등 목재뿐 아니라 산삼, 영지 등 특산물이 많이 나온다. 여기에 곰, 수달 등 500여 종이 넘는 야생동물들이 서식하고 있다.

안도에는 원래 연길현에 속해 있던 명월구가 있다. 명월구는 '밝은 달의 골짜기'라는 뜻과 다르게 달보다 바위투성이의 산이 더 유명한 지역이다. 시내 중심에 돌산이 웅크리고 있는데, 이 때문에 예전에는 명월구를 '옹성나자'라고 불렸다. 나자는 앞서 말했듯이 만주족 말로 바위벼랑이라는 뜻이다.

옹성나자는 1000여 년 전부터 사람들이 모여 살기 시작한 곳으로, 청나라 때 봉금 정책으로 황무지가 되었다가 이후 봉금령이 폐지되면서 인가가 다시 늘기 시작했다. 1894년부터 조선인이 차츰 모여들었다. 그러다 1933년 돈화-도문 철도가 이곳을 지나면서 명월구 기차역이 세워졌고, 이후부터 명월구라는 이름이 옹성나자를 대체하였다.

한편, 옹성나자에는 1931년 일어난 옹성나자 사건이 유명한데,

당시 명월구에 주둔하고 있던 길림성방군의 왕덕림 3영 군인들이 군사 요충지인 포대산에 기어들어 방해하는 만주철도주식회사의 사원을 쏴 죽인 사건이다.

안도현은 1909년에 송강진에 설치되었다가 현 소재지를 1949년 명월진으로 옮겼다. 청나라 정부는 백두산 일대가 매우 넓고, 또 국경 지역이라 여러 문제가 일어나자 백두산 동쪽 경내에 현을 설치하였다. 이때 안도라는 이름이 정해졌는데, '변강을 안정시키고 두만강의 경계를 보호한다'는 뜻이라고 한다.

안도현이 처음 설치된 송강진은 반세기 넘게 안도 지역의 정치, 경제, 문화의 중심지가 되어 왔다. 만주국 시기에는 일본군과 경찰이 송강진에 거점을 잡기도 했다. 당시 조선인의 친일 무장단체로 악명을 떨친 신선대新選隊 역시 송강진에 주둔하고 있었다고 한다.

안도는 비록 연변 지역 중에 현이 늦게 설치되었지만, 그 역사는 아주 깊다. 석기 시대부터 청동 시대, 철기 시대에 이르기까지 여러 유적이 곳곳에 발굴되었으며, 특히 수천 년 전에 안도에서 활동한 인류인 '안도인'이 유명하다.

안도인은 1963년 명월구 동쪽 동굴에서 이빨 화석이 발견되면서 세상에 등장하였다. 안도인은 호모 사피엔스 단계에 속하는 고인류이다. 한편, 지방 문헌에서는 안도 지역에서 살고 있던 고대

인류를 '숙신肅慎'이라고 기록하고 있는데, 그중에 안도가 만주족의 발상지라는 하는 내용도 담겨 있다.

실제 만주족 시조 설화에 따르면 그들의 기원은 백두산 기슭에서 시작된다. 옛날 선녀가 백두산 기슭의 호수 부르후리에서 까치가 떨어뜨린 주과를 먹고 잉태하여 낳은 아이가 훗날 부족의 추장이 되어 두만강 기슭에 나라를 세웠다는 것이다. 이 나라의 국호가 바로 '만주'이다.

지금도 안도 지역에는 백두산 천지 기슭의 제사대를 비롯하여 여진족의 유적지가 많이 남아 있다. 그 연장선으로 '안도'라는 지명이 만주족 말에서 유래되었으며, '산의 양지쪽'을 의미한다고 해석하는 주장도 있다.

안도는 안도인 동굴을 비롯하여 구석기 후기의 인류 주거지, 오호산산성五虎山山城, 보마성寶馬城 등 많은 유적지와, 백두산 천지와 폭포 등 기가 막힌 자연 경관을 가진 천혜의 관광 보고이다.

안도현에는 장백산문화박람성, 홍기조선족민속촌, 복만생태구, 해구황금성, 설호산풍경구, 장백산약재원, 장백산화평스키장 등 수많은 관광 명소가 자리 잡고 있다. 그중 장백산문화박람성, 홍기조선족민속촌, 복만생태구는 중국에서 AA급 풍경구로 선정되었다.

또한, 안도는 광천수로 유명한데, 안도 곳곳에서 백두산 천연광천수가 솟아난다고 한다. 안도의 광천수는 철저한 보호 아래 전혀 오염되지 않아 유럽 및 국제 천연광천수표준에 부합한다. 때문에 독일 광천수연구소 프레제니우스Fresenius에서 세계에서 유명한 광천수 중 하나인 프랑스 볼빅volvic 광천수와 품질 수준이 비슷하다는 평가를 받기도 했다.

백두산을 품은 고마운 땅인 안도는 오래전부터 인류가 터를 잡았을 만큼 천연자원이 풍부한 곳이다. 신이 주신, 자연이 허락한 천혜의 관광 보고인 안도에 들러 백두산의 정기를 받아 보는 것은 어떨까?

나부터 바뀌어야 한다

나는 연변에 머무는 동안 이 책을 기획했다. 그리고 한국에 돌아오자 마자 바로 이 책의 집필을 시작했다. 연변에 머무는 동안 생각보다 많은 조선족들이 스스로 조선족임을 부끄러워한다는 것이 충격적이었고 안타 까웠다. 또한, 국내에서도 조선족을 바라보는 삐뚤어진 인식이 날로 짙어 지고 있는 점이 두려웠다. 무엇보다 남을 탓할 것이 아니라, 우선 나부터 조선족에 대한 잘못된 인식을 갖고, 조선족에 무지했던 것에 대한 반성도 컸다. 이 모든 것이 나를 이 책을 기획하고 집필하게 만들었다.

이 책을 기획했을 때부터 간절히 바라는 것이 있었다. 부디 이 책이 조 선족에 대한 인식을 바꾸는 데 도움이 되고, 조선족이 스스로를 자랑스럽 게 여기고 자부심을 느끼는 계기가 되었으면 하는 것이었다.

연변이 수많은 선조의 피와 땀으로 타국에서 일궈 낸 자랑스러운 땅임 을 기억하고, 자신들의 뿌리를 잊지 말고 조선족인 것에 자부심을 가져

세계에 조선족이란 민족을 떨칠 수 있기를, 그리고 이 책이 그 불씨가 될 수 있기를 간절히 바랐다.

또한, 국내에서도 조선족이 단순히 중국의 소수민족이라는 인식에서 한 뿌리에서 파생되어 중국에서 열매를 맺고 살아가는 우리 민족이라고 생각할 수 있기를 바란다. 그들은 지금도 우리보다 더 우리 문화를 지키며 살아가고 있음을 알았으면 한다.

자신을 부끄러워하는 이들은 자신들의 역사를 모르기 때문이며, 타민족을 기만하는 이들은 그들의 역사를 모르기 때문이다. 결국 자신의 무지를 드러내는 어리석은 행위인 것이다. 역사를 아는 민족은 자신들을 자랑스러워하며 역사를 지켜 나가려 한다. 반면, 역사를 잊은 민족은 무지로 빚어진 역사의 참상을 반복할 뿐이다.

부디 이 한 권의 책이 많은 사람들에게 좋은 영향을 줄 수 있기를 간절히 바라며, 마지막으로 이 책을 기획하고 집필할 수 있도록 영감과 도움을 주신 최문현 님께 깊은 감사의 인사를 드린다.

뉴스 기사

- 〈급변하는 中 조선족사회〉, 연합뉴스, 2015년 8월 13일~2015년 8월 15일.

- 〈민중의 소리– 민성보〉, 연변일보, 2015년 8월 5일.

- 〈밀어로 통하는 동네–왕청…상고시대 번창했던 고장〉, 연변일보, 2016년 5월 23일.

- 〈붉은기가 나붓기던 홍기하〉, 연변일보, 2016년 7월 18일.

- 〈붉은기가 나붓기던 홍기하…번창했던 시가지〉, 연변일보, 2016년 7월 25일.

- 〈서전서숙과 반일교육의 터전〉, 연변일보, 2007년 10월 15일.

- 〈[연변 지명이야기19–연길편] 연길–석양의 울음소리는 어디에〉, 연변일보, 2015년 1월 3일.

- 〈연변의 조선족과 항일투쟁〉, 대한뉴스, 2015년 1월 12일.

- 〈옹성라자사건〉, 연변일보, 2007년 10월 23일.

- 〈장백산에 날리는 소나무의 마지막 꽃향기〉, 연변일보, 2015년 12월 14일.

- 〈조선 독립·중화민족 해방 공동 과제로 고귀한 희생〉, 경기일보, 2015년 7월 22일.

- 〈주덕해, 中대륙에 조선족 융성의 전방위 초석 쌓아〉, 일요주간, 2013년 8월 16일.

- 〈中 동북 3성 조선족 농촌 사라진다〉, 연합뉴스, 2012년 9월 18일.

- 〈축구전도사 최은택교수를 보내며〉, 연변일보, 2007년 2월 12일.

사이트

- 국립민속박물관-국외박물관 한국실: http://www.nfm.go.kr/Display/outMu 01.jsp

- 네이버캐스트: http://navercast.naver.com

- 두산백과사전 두피디아: http://www.doopedia.co.kr

- 문화콘텐츠닷컴: http://www.culturecontent.com

- 민주사회를 위한 변호사 모임: http://minbyun.or.kr

- 연변대학: http://www.ybu.edu.cn

- 연변화동정보교류유한회사-우리학교: http://www.ourac.com

- 연세대학교 윤동주기념사업회: http://yoondongju.yonsei.ac.kr

- 한국민족문화대백과사전: https://encykorea.aks.ac.kr

도서 · 논문

- 김호림, 《연변 100년 역사의 비밀이 풀린다》, 글누림, 2013.

- 박정근·윤광수 지음, 《세월속의 중국조선민족》, 연변인민출판사, 2005.

- 전광하·박용일 지음, 《세월 속의 龍井》, 연변인민출판사, 2000.

- 최해리, 〈현행되는 연변 조선민족무용의 종류와 특징〉, 《한국무용기록학회지》 (제6호), 2004.